교과서와
함께하는
민속여행
1

총괄	박호원(어린이박물관과장), 김영재(학예연구관)
기획 및 원고	최명림(학예연구사)
감수	김종대(중앙대학교 민속학과 교수)
	박현이(어린이작가정신 편집장)
	이도선(재동초등학교 교장)
디자인	아이디어스푼
사진	송봉화, 이건호, 주병수, 최호식
일러스트	이충현, 혜야
카툰	유남영

교과서와 함께하는
민속여행 1

첫판 1쇄 인쇄   2011년 10월 1일
첫판 1쇄 발행   2011년 10월 5일

펴낸이	김남석
펴낸곳	(주)대원사
주소	135-943 서울시 강남구 일원동 640-2
전화	(02)757-6717(대)
팩시밀리	(02)775-8043
등록번호	등록 제3-191호
홈페이지	www.deawonsa.co.kr

ⓒ 2011, 국립민속박물관

값 9,200원

ISBN 978-89-369-0808-9 74380

잘못 만들어진 책은 서점에서 바꾸어 드립니다.
이 책의 저작권은 국립민속박물관에 있으므로 무단 전제와 무단 복제를 금지하며,
이용시 반드시 국립민속박물관의 서면 동의를 받아야 합니다.

초등학생 용

교과서와
함께하는 민속여행 1

국립민속박물관
The National Folk Museum of Korea

대원사

이 책의 구성

이 책은
어떻게 구성되어 있을까요?

이책은 제 7차 개정교육과정 교과서의 분석을 토대로 민속과 연계하여 만든 초등 저학년을 위한 것입니다.
제 1장은 마을과 집을 지켜주는 민속신앙 이야기, 제 2장은 철마다 달마다 달라지는 일 년 열두 달 세시풍속 이야기, 제 3장은 얼쑤! 덩실덩실 어깨춤도 추고 신나게 놀아보자 민속놀이 이야기, 제 4장은 사랑과 정성으로 만든 우리 옷·우리 음식·우리 집 이야기, 제 5장은 처음 만나는 세상과 하늘로 돌아가는 일생의례 이야기로 구성되어 있습니다.

각 장은 교과서를 분석한 것을 제시해 줌으로써 어느 교과서의 어느 부분과 연계가 있는지에 대해 쉽게 찾아볼 수 있도록 하였습니다. 그리고 본문에 해당하는 민속신앙, 세시풍속, 민속놀이, 의식주, 일생의례의 내용을 담았습니다. 본문에서 소중한 우리 문화에 대해 알아본 다음에는 본문 내용을 다시 정리하면서 국립민속박물관의 전시유물과 연계하여 각 장마다 교과서에서 만나는 민속박물관 여행을 떠나게 됩니다.

인사말

교과서에서 만나는 민속이야기를 통해 조상의 지혜와 슬기를 배우자

민속박물관을 생각하면 옛날에 사용하던 물건들이 전시되어 있고, 현재가 아닌 과거의 생활상만을 볼 수 있다고 생각합니다. 이렇듯 전통문화라고 하면 낡고 오래된 것이라고만 생각하지요. 하지만 우리 고유의 전통을 하나하나 살펴보면 너무나 재미있습니다. 그리고 우리가 지켜나가야 할 소중한 유산이라는 것을 알게 됩니다.

과거와 현재가 어우러진 우리 민족만의 독특한 생활양식이 우리 고유의 문화입니다. 우리 조상들은 아이를 갖기 위해 어떠한 행동을 했을까요? 아이를 낳고 나서 대문에 금줄을 쳤는데 왜 그랬을까요? 아주 오랜 옛날부터 우리 조상들이 무엇을 먹고 입고 즐기며, 어떻게 살았는지를 들여다보면 우리 고유의 문화 속에서 조상들의 지혜와 슬기를 찾아볼 수 있습니다.

이 책은 제7차 개정교육 과정의 교과서를 바탕으로 하고 있습니다. 1학년부터 3학년까지의 개정교육 교과서에서 전통문화와 관련된 내용들을 검토했습니다. 그리고 내용과 연관 있는 것들을 골라서 민속신앙, 세시풍속, 민속놀이, 의식주, 일생의례 5개의 항목으로 나누었습니다. 이들 항목에서 저학년 어린이들이 알아두면 좋은 내용들만을 선정하여 어린이들의 눈높이에 맞춰서 읽기 쉽고 알기 쉽도록 정리했습니다.

옛것을 익혀서 새로운 것을 안다는 온고지신(溫故知新)의 의미처럼 옛것들은 모두 낡고 오래되어 버려야 한다는 생각을 지우고, 전통문화 속에서 조상들의 지혜와 슬기를 배울 수 있기를 바랍니다.

국립민속박물관장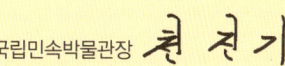

차례

마을과 집을 지켜주는
민속신앙 이야기

교과서 속 민속신앙 이야기 12
마을을 지켜주는 수호신, 마을지킴이 14
집을 지켜주는 지킴이, 집지킴이 20
교과서에서 만나는 민속박물관 여행 22

철마다 달마다 달라지는 일 년 열두 달
세시풍속 이야기

교과서 속 세시풍속 이야가 30
설날부터 섣달 그믐까지 우리 민속 32
철마다 달마다 즐기는 또다른 즐거움, 축제 46
또하나의 세시풍속, 속담을 통해 본 24절기 50
교과서에서 만나는 민속박물관 여행 54

얼쑤! 덩실덩실 어깨춤도 추고 신나게 놀아보자
민속놀이 이야기

교과서 속 민속놀이 이야기 62
사계절 특별한 날 즐기는 명절놀이 64
함께해서 더욱 즐거운 대동놀이 67
전해 내려오는 놀이, 전래놀이 70
얼쑤, 신나는 한바탕 탈놀이 76
교과서에서 만나는 민속박물관 여행 80

사랑과 정성으로 만든
우리 옷, 우리 음식, 우리 집 이야기

교과서 속 의식주 이야기　88

한 땀 한 땀 정성으로 만든 우리 옷　90

사랑과 정성으로 만든 우리 음식　98

편안하게 쉴 수 있는 보금자리 우리 집　105

교과서에서 만나는 민속박물관 여행　110

처음 만나는 세상과 하늘로 돌아가는
일생의례 이야기

교과서 속 일생의례 이야기　118

세상을 만나는 의례, 기자의례와 출생의례　120

남자와 여자가 하나 되는 의례, 혼례　124

하늘로 돌아가는 의례, 장례　128

돌아가신 부모님에게 하는 효도, 제례　130

마을의 공동 제사, 동제　132

교과서에서 만나는 민속박물관 여행　136

부록

국립민속박물관 체험학습 보고서　141

마을과 집을 지켜주는
민속신앙 이야기

교과서 속 민속신앙 이야기

마을을 지켜주는 수호신, 마을지킴이

집을 지켜주는 가신, 집지킴이

교과서에서 만나는 민속박물관 여행

장승과 솟대

마을 입구에 들어서면 장승과 함께 하늘 높이 솟아 있는 솟대를 만나볼 수 있어요.

정월대보름이 되면 마을을 지켜 달라고 제를 올렸습니다.

솟대는 나무나 돌로 된 새를 긴 나무막대나 돌기둥 위에 얹어 놓은 것을 말합니다.

솟대는 마을을 지켜주는 수호신이면서 농사가 잘되기를 바라는 마음에서 공동으로 세운 것이에요.

교과서 속 민속신앙 이야기

우리나라 사람들은 예로부터 여러 지킴이들을 믿었어요. 마을을 지켜주는 장승이나 솟대, 당산나무 등을 비롯해서 집을 지켜주는 성주신, 조왕신, 칠성신 등 여러 지킴이들이 우리를 지켜준다고 생각했어요.

그래서 매년 음력 정월 대보름이나 특정한 날을 정해서 마을을 지켜주는 마을 지킴이들에게 마을마다 공동으로 제사를 지내기도 했어요. 음력 10월에는 집안을 지켜주는 집지킴이들에게 제사를 지내기도 했답니다.

자! 그럼 이제부터 마을과 집을 지켜주며 우리의 생활 속에 깊숙이 자리 잡은 지킴이들을 만나러 떠나 볼까요?

check

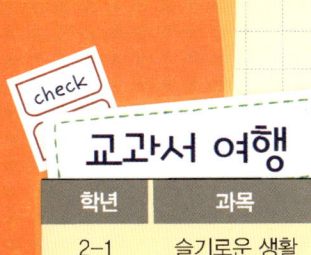

교과서 여행

학년	과목	단원	쪽수	관련 내용
2-1	슬기로운 생활	5. 함께 사는 우리	56~57	마을 모습
2-2	국어	2. 바르게 알려 줘요	23~38	장승, 솟대
3-1	사회	1. 고장의 모습	35~51	마을의 그림지도

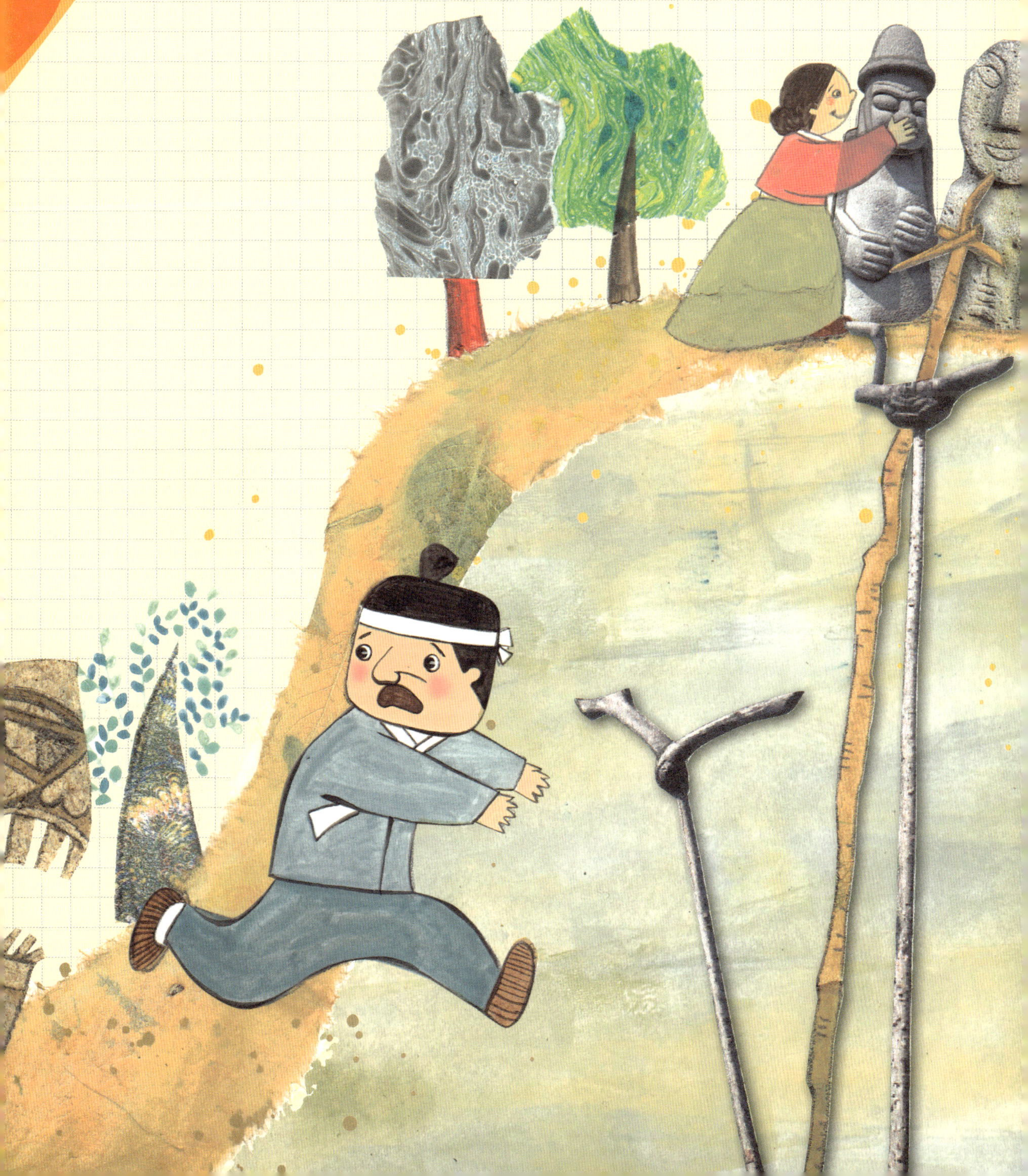

이야기 1. 마을을 지켜주는 수호신, 마을지킴이

마을을 지켜주는 수호신, 장승

마을 입구에 들어서면 장승이 가장 먼저 반겨줍니다. 하지만 천연두와 같은 질병이나 나쁜 것들이 들어오려고 하면 무서운 얼굴로 들어오지 못하게 하지요. 천하대장군, 지하여장군이 양쪽에서 마을 사람들이 오면 반갑게 맞아주고 이웃사람들이 오면 이곳이 어떤 마을인지 알려 주지요. 그리고 질병이나 도둑이 오면 절대로 들어오지 못하게 하지요. 마을과 마을 사람들을 질병이나 도둑 등 해로운 것들로부터 지켜주어요.

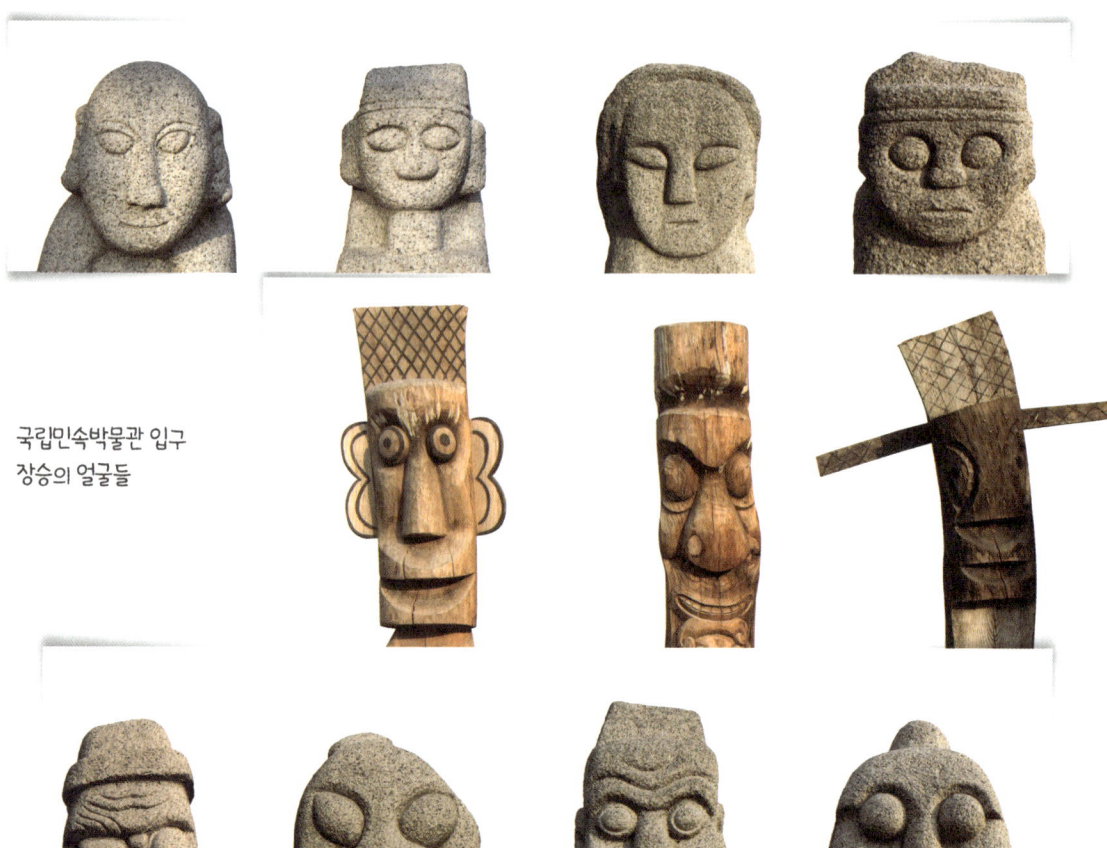

국립민속박물관 입구
장승의 얼굴들

무섭지만 재미있는 장승의 얼굴

질병이 들어오지 못하게 한다고 해서 장승 얼굴이 무섭다고요? 장승은 나무로 된 장승과 돌로 된 장승이 있는데요. 나무로 된 장승은 나무를 거꾸로 세우기 때문에 나무의 뿌리로 머리를 만들어요. 무섭게 보이기도 하지만 자세히 보면 매우 재미있는 표정을 하고 있어요. 돌로 만든 장승은 툭 튀어 나온 눈과 도톰한 볼살이 아주 재미있게 표현되어 있는 것들이 많아요. 자세히 들여다보면서 눈을 맞춰 보세요.

생각 더하기

제주도에는 돌하르방이 있어요

장승이 무섭게 보인다고요? 장승과 같이 돌로 만들어진 벅수는 익살맞은 표정으로 마을을 지켜요. 돌하르방은 제주도에만 있어요. 예로부터 돌하르방의 코를 만지면 아들을 낳는다는 이야기가 전해오고 있어서 제주도에 남아 있는 돌하르방은 코가 닳아 없어진 것이 많아요.

마을을 지키고 풍년을 기원하는 솟대

솟대는 나무나 돌로 만든 새를 기다란 나무나 돌기둥 위에 얹어 놓은 것이에요. 솟대도 마을을 지켜주는 수호신이면서 농사가 잘되기를 바라는 마음에서 마을에서 공동으로 세운 것이지요. 마을 입구에 보면 장승이나 돌탑 등과 함께 있어요. 정월 보름이 되면 제사를 지내기도 합니다. 솟대에 얹어 놓은 새는 오리나 기러기라고도 하는데 제주도에서는 까마귀라고도 한대요. 우리는 까마귀를 좋지 않은 새로 생각하지만 제주도에서는 까마귀를 신성한 새라고 여기거든요.

긴 나무 위의 새는 오리?

긴 나무 위에 앉아 있는 새는 지역에 따라 다르게 부르는데 기러기나 까마귀도 있지만 주로 오리라고 해요. 왜 하필 오리일까요? 오리는 물뿐만 아니라 하늘과 물 속까지 자유롭게 다닙니다. 그래서 오리가 비를 가져다주는 신이라고 여겼지요. 또 오리가 물하고 관련이 있기 때문에 화재를 막아 준다고 생각했어요. 그리고 오리는 1년에 약 300개의 알을 낳아요. 사람들은 오리가 많은 알을 낳듯이 농사도 풍년이 들 것이라고 생각을 해서 오리를 긴 나무 위에 앉혔답니다.

솟대의 기원

우리나라의 건국신화인 단군신화를 아시죠? 단군신화에 보면 신단수라는 나무가 나오는데 사람들은 이 신단수 앞에서 하늘에 제사를 지냈습니다. 또 삼한 시대에는 소도라는 신성한 땅이 있었는데 소도에는 신성한 지역을 표시하는 뜻으로 솟대를 세웠다고 합니다.

"여러 나라에 각각 별읍이 있고 이것을 소도라고 하는데 소도에는 큰 나무를 세워서 방울과 북을 달아 귀신을 쫓는다." 「삼국지」 위지 동이전

이 기록에서 소도에 세운 큰 나무가 솟대를 가리키는 말이에요. 아주 오래 전부터 솟대가 있었다는 것을 알 수 있죠?

제주특별자치도 서귀포시 제주민속촌박물관

마을 입구나 마을 한 가운데 서서 마을을 지켜주는 당산나무

마을에 들어서면 아름드리 큰 나무가 서 있어요. 예로부터 우리 조상들은 자연에서 오래된 나무를 함부로 대하지 않았어요. 마을을 지켜주는 신이 존재한다고 믿었기 때문이에요. 평상시에는 마을 사람들의 휴식처와 정보를 나누는 공간이 되었어요. 그래서 이 나무에 일 년에 한 번씩 마을 제사를 지내는데 이 날 만큼은 신성한 나무가 되어요.

생각 더하기

도둑 잡은 당산나무 이야기

어느 마을에 도둑이 들어서 귀한 소를 훔쳐서 달아났어요. 도둑은 밤새 열심히 소를 몰고 도망을 쳤는데 날이 밝고 보니 그 마을의 당산나무 주위를 밤새도록 맴돈 거예요. 그러다가 결국 마을 사람들에게 붙잡히고 말았다고 해요. 당산나무가 도둑을 잡아준 셈이네요.

금줄도 우리를 지켜줘요

금줄은 귀신이나 악한 것들이 들어오는 것을 막기 위해 치는 줄이에요. 일반적으로 새끼를 꼴 때는 오른쪽으로 꼬지만 금줄은 왼쪽으로 꼬아서 만들어요. 왼쪽은 평소에 사용하지 않는 방향이기 때문에 왼쪽으로 꼰 새끼를 특별하게 생각했어요. 보통 금줄은 마을 제사를 지내거나 아기가 태어난 집 대문에 쳐요. 질병이나 나쁜 귀신들이 들어오는 것을 막기 위해서예요.

소원을 비는 돌무덤, 돌탑

나무와 마찬가지로 돌도 신앙의 대상이었어요. 그 곳에 영혼이 깃들어 있다고 믿었거든요. 그래서 돌로 만든 장승을 신처럼 모시기도 했어요. 그래서 돌에 불상을 새기기도 했답니다. 특히 마을을 전체적으로 봤을 때 어느 한 쪽이 허전하다고 생각되는 부분이 있으면 그 자리에 돌탑을 쌓아서 허한 기운을 막았어요. 길가에 오가는 사람들이 쌓은 것이 탑처럼 쌓여 돌탑이라고 부르기도 했어요. 돌을 무덤처럼 쌓았다고 해서 돌무덤이라고도 불렀지요. 사람들은 작은 돌을 하나씩 쌓으면서 소원을 빌었어요. 무너뜨리지 않고 조심조심 정성을 들여쌓으면서 마음속으로 소원을 빌었습니다.

국립민속박물관 입구 돌탑

이야기 2
집을 지켜주는 가신, 집지킴이

집안 곳곳에도 지킴이들이 살고 있어요

우리 조상들은 집안 곳곳에 신이 있어서 늘 우리를 지켜준다고 생각했어요. 집지킴이, 가신이라고 해요. 집지킴이는 종류도 많아요. 안방, 부엌, 문, 장독대, 화장실 등 집안의 곳곳에 지킴이들이 있어요.

집안의 가장 어른신, 성주신

집안의 가장 어른 신은 성주신이에요. 성주대감이라고도 부르는데 집안의 여러 신들 가운데 우두머리이고 가족의 행복과 건강을 맡고 있어요. 그래서 집의 가장 가운데인 대청마루에 모시기도 하고 안방에 모시기도 해요. 성주는 보통 이사를 하거나 집을 새로 지었을 때 만들어요. 지방마다 성주를 모시는 방법도 달라요. 종이로 만든 꽃을 성주로 모시기도 하고 성주단지를 만들어 모시기도 하지요. 성주단지에는 햇곡식을 넣어 두는데, 매년 10월이 되면 성주 단지에 있는 곡식을 꺼내고 새로 나온 햇곡식으로 갈아주어요. 이때 꺼낸 곡식은 밥을 지어서 반드시 가족들끼리 먹어야 해요.

성주고사

성주신체

부엌의 주인인 불의 신, 조왕신

불은 어둠을 밝혀 주기도 하고 음식을 익혀 주고 추운 겨울을 따뜻하게 보낼 수 있도록 해 줘요. 우리 조상들은 부엌의 아궁이와 부뚜막에 불의 신인 조왕신이 있다고 생각했어요.

조왕고사

그래서 불씨를 아주 소중하게 여겼고 불씨를 꺼뜨리지 않기 위해 정성을 다했답니다. 예로부터 우리 어머니들은 아침에 일어나 밥을 짓기 전 부뚜막에 물 한 대접을 떠놓고 조왕신에게 가족의 건강을 빌었어요. 부뚜막에 보면 한 그릇의 물이 있는데 그것이 조왕신이라고 여겼어요.

애고! 무서워라 변소각시, 측신

요즘은 변소가 집안의 욕실에 함께 있지만 옛날에는 지금처럼 수세식 변기가 아니었기 때문에 집안 뒤쪽 멀리 있었어요. 뒷간귀신, 변소각시라고도 하는데 측신이라고 불렀어요. 측신은 변덕이 심하고 화를 잘 내서 무섭게 생각했어요. 그래서 변소 문을 열기 전에 인기척이나 헛기침을 해서 변소각시가 갑자기 놀라는 일이 없도록 했어요. 하지만 지금은 무섭지 않지요?

생각더하기

집터를 지켜주는 터주신, 나쁜 기운을 쫓아내는 문신

집을 지켜주는 집지킴이는 집안 곳곳에 있어요. 집터를 지켜주는 터줏대감인 터주신이 있고, 장독대에는 간장, 된장 맛을 지켜주는 칠성신이 있어요. 칠성신은 사람의 수명을 다스린다고 하는데 그래서 어머니들은 장독대에 물을 떠 놓고 집안의 행복을 지켜달라고 빌었답니다. 또 좋은 복은 들이고 나쁜 기운은 쫓아내는 문신도 있어요. 집안 곳곳에 지킴이들이 있어서 가족을 지켜주었습니다.

교과서에서 만나는 민속박물관 여행

국립민속박물관에 들어서면 옛날 마을의 모습을 만나게 됩니다. 마을 입구에는 마을을 지켜주는 장승, 솟대, 돌탑 등이 있어요. 효자각도 보이네요. 마을의 효자를 기리기 위하여 세운 것입니다. 좀더 마을 안으로 들어가 보면 여러 집들을 만날 수 있어요. 이처럼 **국립민속박물관 야외전시장**에서는 옛날 우리 조상들이 살았던 마을의 모습을 살펴 볼 수 있습니다.

1 국립민속박물관 입구에 있는 마을지킴이들을 보고 무엇인지 맞혀 보세요.

2. 마을을 지켜주는 마을지킴이와 집을 지켜주는 집지킴이를 생각하면서 다음의 낱말 퍼즐을 풀어 보세요.

가로열쇠
① 천연두와 같은 질병이 들어오지 못하도록 마을 입구에 있어요.
③ 집안을 지켜주는 신들 중에서 가장 어른 신이에요.
⑤ 집터를 지켜주는 터주신을 높여 부르는 말.

세로열쇠
① 간장, 된장의 맛을 지켜주는 칠성신이 있는 곳이에요.
② 화를 잘 내는 변소각시의 다른 말.
④ 나무나 돌로 만든 새를 기다란 나무나 돌기둥 위에 얹어 놓은 것.

3. 장승의 얼굴을 보면 어떤 말이 떠오르나요? 떠오르는 말을 생각나는대로 적어봅시다.

4 장승을 직접 만들어 본다면 어떤 얼굴의 장승을 만들지 그림으로 그려보세요.

5 어머니들은 새벽에 일찍 일어나서 부엌의 부뚜막에 있는 조왕신에게 가족의 건강과 행복을 빌었습니다. 우리 어머니들은 과연 어떤 것을 빌었을까요?

정답
1. 장승, 솟대, 벅수, 돌하르방
2. 가로열쇠 : ①장승 ③장승지 ⑤타운대장 세로열쇠 : ①장승제 ②솟대 ④수리

철마다 달마다 달라지는 일 년 열두 달
세시풍속 이야기

교과서 속 세시풍속 이야기

설날부터 섣달 그믐까지 우리 민속

철마다 달마다 즐기는 또다른 즐거움, 축제

또하나의 세시풍속, 속담을 통해 본 24절기

교과서에서 만나는 민속박물관 여행

4월
5월
6월
7월
8월

秋

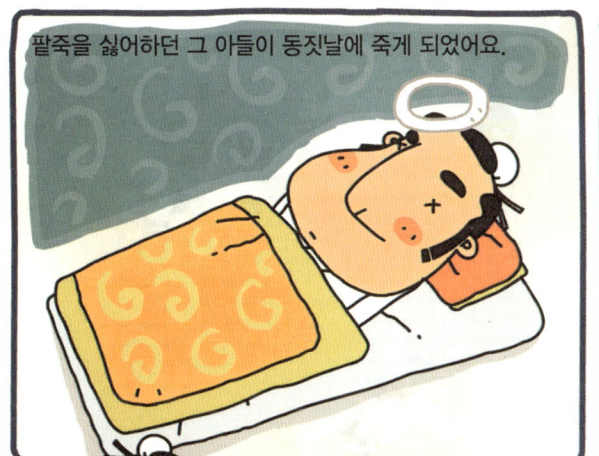

교과서 속 세시풍속 이야기

일 년은 1월부터 12월까지 열두 달로 되어 있어요. 우리 조상들은 매달마다 특별한 날을 정해서 명절처럼 지내왔다는 사실을 어린이 여러분은 아시나요? 1월에는 설날, 대보름, 입춘이 있고, 2월에는 중화절, 영등날이 있어요. 3월에는 삼짇날과 한식, 청명이 있고 4월에는 초파일이 있고요. 5월에는 단오, 6월에는 유두, 삼복, 7월에는 칠석, 8월에는 추석, 9월에는 중구절이 있답니다. 10월은 상달이라고 부르고 11월에는 동지, 12월에는 납일과 섣달그믐이 있는데 이 날에는 재미있는 민속이 이루어졌답니다. 자, 그럼 철마다 달마다 달라지는 교과서 속 세시풍속 이야기 속으로 들어갈 볼까요?

음력과 양력 이해하기

음력과 양력을 아세요? 달력을 보면 숫자들이 써 있죠? 양력으로 표시되어 있는 거예요. 그럼 음력은 어떤 것일까요? 양력으로 써 있는 숫자 아래에 아주 작은 글씨로 또다른 숫자가 있을 거예요. 그게 바로 음력이랍니다. 양력과 음력은 보통 날짜가 다르게 표기되어 있는데, 세시풍속에서 말하는 날들은 대부분 음력을 말하는 거예요. 어렵다고요? 음력은 달이 지구를 한 바퀴 도는 시간을 기준으로 만든 달력인데 우리나라는 오랫동안 음력을 쓰다가 1896년부터 양력을 쓰기 시작했어요.

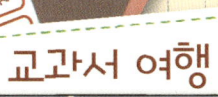

교과서 여행

학년	과목	단원	쪽수	관련 내용
1-1	국어	2. 꼼꼼히 살펴보아요	23~36	추석
	슬기로운 생활	2. 봄이 왔어요	22~27	삼짇날, 봄
		4. 건강하게 생활해요	52~53	절식, 시식
		5. 자연과 함께해요	66~67	여름
		6. 와! 여름이다	78~79	유두, 삼복
1-2	즐거운 생활	3. 함께하는 한가위	44~45	추석(송편)
	슬기로운 생활	3. 함께하는 한가위	28~31	추석
		4. 가을의 산과 들	42~43	가을걷이
		6. 우리의 겨울맞이	66~69	겨울나기(김장, 연료준비)
2-1	즐거운 생활	2. 봄이 오는 길	20~21	봄
2-2	즐거운 생활	3. 아름다운 우리나라	38~39	단오
		4. 열매 맺는 가을	50~55	가을걷이, 추석
	생활의 길잡이	4. 통일을 향해서	36~37	남북한 생활풍습 비교
3-1	사회	2. 고장의 자랑	65~73	축제
3-2	사회	3. 다양한 삶의 모습	104~111	명절과 기념일

> 이야기 1

설날부터 섣달 그믐까지 우리 민속

새해의 첫날, 설날

설날은 새해가 시작되는 날이에요. 음력 1월 1일이랍니다. 설 또는 설날이라고 해요. 이 날은 새해를 맞이하여 조상에게 차례를 지냅니다. 설빔이라고 하는 새 옷을 입고 돌아가신 조상들을 위해 차례를 지냅니다. 설날 차례 상에는 떡국을 올렸어요. 차례가 끝나면 웃어른께 새해 인사인 세배를 올리고, 떡국으로 아침 식사를 했지요. 떡국을 먹으면 한 살 더 먹는다고 해요.

생각 더하기

꿩 대신 닭?

설날에 먹는 떡국에 꿩고기를 넣었다고 해요. 예전에는 꿩을 하늘의 닭이라고 생각해서 아주 좋게 생각을 했어요. 그러나 꿩고기를 구하기가 어려워지면서 집에서 기르는 닭고기를 넣어서 먹게 되었는데요. 여기서 '꿩 대신 닭'이라는 속담이 생겨났다고 해요.

더위를 판다고요?

정월 대보름 아침에 일찍 일어나서 친구들의 이름을 불렀을 때 대답을 하면 "내 더위 사가라!"라고 합니다.
그렇게 되면 대답을 한 친구가 다른 친구의 더위까지 여름에 이겨내야 해요. 하지만 이름을 불렀을 때 거꾸로 "내 더위 사가라!"라고 말을 하면 반대가 될 수도 있어요.

으드득, 깨무는 부럼에 부스럼이 사라져요

정월 대보름날(음력 1월 15일) 아침에는 밤, 호두, 잣 등 단단한 열매를 깨물어 먹는 풍습이 있어요. 이것을 부럼을 깨문다고 하는데, 단단한 부럼을 깨물어 먹으면 한 해 동안 종기나 부스럼과 같은 피부병이 생기지 않는다고 해요. 호두나 잣을 껍질채 깨물면 이를 다칠 수가 있으니 다른 도구로 깨서 속만 먹도록 합니다.

나쁜 것은 하늘로 훨훨 날려버려요

정월 초가 되면 방패연, 가오리연, 반달연 등 여러 종류의 연을 만들어서 날리며 놀았어요. 연줄을 먼저 끊는 사람이 이기는 연싸움도 했고요. 이렇게 정초부터 날리고 놀던 연을 대보름이 되면 연에다 이름과 생일, 그리고 액(厄)이라는 글자를 써서 멀리 날려 보냈어요. 이렇게 하면 한 해의 나쁜 운이 생기지 않는대요. 이를 액막이연이라 했어요.

좀생이별

좀생이라는 별을 아시나요? 서쪽 하늘에 모여 있는 작은 별들을 좀생이라고 하는데 이 별들을 보고 농사의 풍년을 점치는 풍속이 있어요.

M45플레이아데스 성단

바람의 신 영등할머니 오시는 날, 영등날

이월 초하루(음력 2월 1일)는 영등할머니가 하늘에서 내려오는 날이라고 해서 영등날이라고 불러요. 영등할머니는 바람을 일으키는 바람신이에요. 이월 초하루에 딸이나 며느리를 데리고 내려왔다가 이월 보름 경에 올라가는데, 며느리를 데리고 내려와야 풍년이 든다고 합니다.

중화척

이월 초하루를 중화절이라고도 불러요. 나라에서 이 날 '중화척' 이라는 자를 만들어 여러 신하들에게 나누어 주었는데 농사에 힘쓰라는 뜻이었대요.

강남 갔던 제비가 돌아오는 날, 삼짇날

지금은 제비를 쉽게 볼 수 없지만 옛날에는 삼짇날 무렵이 되면 강남으로 갔던 제비들이 돌아왔어요. 음력 3월 3일 삼짇날 무렵이 되면 우리나라의 날씨가 따뜻해지기 때문이에요. 그래서 사람들은 산으로 들로 나가서 예쁘게 핀 진달래꽃을 따서 진달래 화전을 부쳐 먹기도 했어요.

강남가는 제비

날씨가 추워지기 시작하는 음력 9월 9일 무렵이면 제비들은 따뜻한 강남으로 날아가요. 제비들이 겨울을 보내는 강남은 우리나라 서울에 있는 강남이 아니라, 중국의 양쯔 강 남쪽을 말해요.

진달래와 철쭉

아차차! 화전을 부쳐 먹을 때 주의하세요! 진달래와 아주 비슷하게 생긴 철쭉이 있어요. 예로부터 진달래는 참꽃이라고 해서 화전을 부쳐 먹었지만, 철쭉은 개꽃이라고 해서 먹으면 안 되는 꽃이랍니다. 철쭉에는 독이 들어있데요.

진달래

철쭉

부처님 오신 날, 석가탄신일

음력으로 4월 8일을 초파일이라고 해요. 부처님 오신 날이라고도 하지요. 불교를 믿는 사람들은 절에 가서 온 가족의 이름을 적은 연등을 달아 가족의 행복을 빌어요.

생각 더하기

탑돌이하며 소원을 빌어요

절에 가면 돌로 만든 탑이 있어요. 자식이 없는 부인들은 자식을 갖게 해 달라고, 처녀들은 좋은 곳으로 시집가게 해 달라고 탑을 돌면서 빌었어요. 어린이 여러분도 절에 가게 되면 탑을 돌면서 공부 잘 하고 건강하고 바른 어린이가 되게 해 달라고 빌어보는 건 어떨까요?

수리취떡

태양의 기운이 왕성한 날, 단오

음력 5월 5일은 일 년 중 태양의 기운이 가장 왕성한 날이라고 해요. 단오를 다른 말로 수릿날이라고도 불러요. 이 날 쑥을 캐다가 떡을 만들어 먹는데 이 떡의 모양이 수레바퀴 모양이어서 그렇게 불렀다고 해요. 또 태양의 기운을 가진 풀이라고 생각한 창포 잎을 삶아 그 물로 머리를 감았는데 비단같이 고운 머릿결을 만들어 주었어요.

생각 더하기

여름 부채, 겨울 달력

단오가 지나면 무더운 여름이 시작돼요. 선풍기도 없고 에어컨도 없던 시절에는 부채가 유일하게 더위를 피할 수 있는 물건이었지요. 그래서 단오가 되면 왕이 신하들에게 직접 단오부채를 나누어 주었어요. 동지에는 다음 해의 달력을 신하들에게 나누어 주었다고 합니다.

으라차차, 나는야 씨름왕

단옷날 여자들이 그네를 탔다면 남자들은 씨름을 하면서 놀았어요. 씨름 대회에서 우승을 하면 우승자에게 황소를 주었는데, 아이들의 씨름 대회에서 우승을 하면 송아지를 주기도 했답니다.

생각 더하기

유두면 먹고 더위 탈출!!!

유두에는 그 해 처음 나오는 밀로 구슬 모양의 국수를 만들어 오색으로 물들인 유두면을 먹었는데 유두면을 먹으면 더위를 먹지 않는다고 합니다. 유두면을 세 개씩 포개어 색실로 꿰매서 몸에 차거나 문에 달면 귀신을 쫓을 수 있다고 믿었어요.

동쪽으로 흐르는 물에 머리 감는 날, 유두

음력 6월 15일은 유두라고 해요. 유두라는 말은 동쪽으로 흐르는 물에 머리를 감고 목욕을 한다는 뜻이에요. 유두가 되면 날씨가 무척 더운데 더위를 식히기 위해 머리도 감고 물맞이를 하기도 했어요.

일 년 중 가장 더운 날, 삼복

삼복은 더위가 가장 심한 때를 말하는데 초복, 중복, 말복을 가리켜 삼복이라고 해요. 더위가 심하면 기운이 떨어지고 입맛이 없어지는데 이때 어른들에게 삼계탕을 끓여서 대접합니다. 여름에 너무 찬 음식을 먹으면 배탈이 나기 쉬워요. 그래서 이열치열이라고 뜨거운 음식을 먹으면서 몸을 보호하지요. 삼계탕은 특히 여름에 몸을 보호해주는 음식으로 요즘에도 삼복이면 많이 먹는 음식입니다.

은하수 건너 견우와 직녀가 만나는 날, 칠석

음력 7월 7일은 칠석이라고 합니다. 밤하늘에 은하수가 흐르고 은하수 동쪽에 견우성이 있고 서쪽에 직녀성이 있어요. 견우와 직녀가 은하수를 건너 일 년에 한 번 만나는 날이에요. 옛날 하늘에서 견우와 직녀가 너무 사랑한 나머지 일을 하지 않아 하늘나라가 엉망이 되었어요. 그래서 화가 난 옥황상제가 일 년에 한 번만 만나도록 벌을 내리셨대요. 칠석이 되면 까마귀와 까치가 오작교라는 다리를 만들어서 두 사람을 만날 수 있도록 했다는 이야기가 있어요. 그래서 까마귀와 까치의 머리 깃털이 다 빠졌다고 합니다. 견우와 직녀를 만나게 해준 까마귀와 까치의 머리 깃털이 빠지는 것은 사실 칠석 무렵에 털갈이를 하기 때문이랍니다.

더도 말고 덜도 말고 한가위만 같아라. 추석

음력 8월 15일은 우리나라의 큰 명절인 추석입니다. 추석은 한가위라고도 부르고 중추절, 가배라고도 부릅니다. 추석이 되면 햇곡식과 햇과일이 막 나기 시작하는데 먼저 조상들에게 올리는 차례를 지냅니다. 모든 곡식들이 풍부한 때라서 더도 말고 덜도 말고 한가위 같이 모든 곡식들이 풍부하기를 바랐어요.

강원도 송편

경상도 송편

전라도 송편

평안도 송편

송편을 예쁘게 빚어야 예쁜 자식을 낳는대요

추석 차례상에는 송편, 토란국, 햇과일을 올려요. 송편은 반달 모양으로 만들어 그 속에 깨소금, 밤, 콩 등 여러 가지 맛있는 것들을 넣어서 예쁘게 만들지요. 송편을 예쁘게 빚어야 예쁜 자식을 낳는다고 해서 정성들여 빚어요. 송편의 모양은 지역에 따라 달라요.

강남으로 제비가 돌아가는 날, 중양절

음력 3월 3일 삼짇날 강남에서 돌아왔던 제비가 음력 9월 9일이 되면 따뜻한 남쪽나라로 다시 돌아가요. 9가 두 번 겹쳤다고 해서 중구라고도 하고 중양절이라고도 하는데, 가을이면 피는 국화를 따서 국화전을 지져먹고 국화주를 담가 마셨답니다.

일 년 중 가장 신성한 달, 상달

예로부터 음력 10월을 일 년 중 가장 신성한 달이라고 해서 상달이라고 불렀어요. 그래서 아주 오래 전부터 하늘과 조상들에게 제사를 지냈지요. 10월이 되면 각 집안마다 시제를 지냅니다. 올해도 풍년이 들게 해 줘서 감사하다는 의미를 지니는데 집안의 곳곳에 있는 가신들에게 제사를 지냈어요.

겨울나기 준비를 해요!

겨울이 오기 전에 겨울을 나기 위해 준비를 해요. 겨우내 사용할 땔감을 준비하고 김장을 하지요. 김장은 온 가족이 겨울 동안 먹을 김치를 담그는 것이에요. 김치를 담그기 위해 무와 배추를 준비하고 고춧가루, 파, 마늘, 소금, 젓갈 등 재료를 준비해서 맛있게 김치를 담가요. 담근 김치는 김장독에 담아서 땅에 묻었는데 요즘은 김치냉장고가 있어서 더욱 편해졌어요.

일 년 중 밤이 가장 긴 날, 동지

일 년 중 낮이 가장 긴 날은 하지이고 밤이 가장 긴 날은 동지입니다. 양력으로는 보통 12월 22일쯤입니다. 동지는 음력으로 보통 11월에 들기 때문에 음력 11월을 동짓달이라고 합니다. 옛날에는 동지를 작은 설이라고 불렀어요. 동지가 지나면 나이도 한 살 더 먹는다고 생각했어요.

잡귀야 물러가라, 동지팥죽

동지가 되면 붉은팥을 이용해서 팥죽을 끓여 먹었어요. 찹쌀가루로 동글동글 새알심을 만들어서 함께 먹었지요. 귀신이 붉은 색을 싫어한다고 여겨서 붉은팥으로 죽을 끓여 먹었는데, 나이만큼 새알심을 넣어서 먹으면 한 살 더 먹는다고 생각했어요.

잠들면 눈썹이 하얗게 되는 날, 섣달 그믐

음력으로 12월 마지막 날을 섣달 그믐이라고 해요. 다음날이 설날이기 때문에 설 준비를 하느라 집안은 분주하지요. 그런데 섣달 그믐날 밤에 잠을 자면 눈썹이 하얗게 센다는 이야기가 있어요. 그래서 아이들은 잠을 자지 않으려고 애를 쓰는데 잠이 들게 되면 다른 아이들이 눈썹에 하얀 밀가루를 발라 놓는답니다. 이것을 그 해를 지킨다는 뜻으로 수세라고 불러요.

이야기 2 철마다 달마다 즐기는 또다른 즐거움, 축제

우리나라는 지역마다 특별하고 재미있는 축제들이 있어요. 각 지역의 특색에 따라 지역의 기후와 같은 자연환경을 이용한 축제가 있고, 지역의 특산품을 이용한 축제가 있습니다. 또 지역의 역사나 역사적 인물을 활용한 축제도 있습니다.

수원 화성문화제

조선의 정조 임금을 아시나요? 정조는 영조의 손자인데 그의 아버지는 사도세자였어요. 정조는 그의 아버지 사도세자의 묘를 수원으로 옮긴 후에 화성을 만들었어요. 1997년 12월 수원의 화성행궁(華城行宮)이 유네스코(UNESCO) 세계유산위원회의 세계문화유산으로 등록된 자랑스런 우리 문화 유산이에요. 화성을 만들 때 정약용이 거중기를 이용해서 더욱 유명하죠.

정약용과 거중기

다산 정약용은 실용학문인 실학사상을 집대성하였고 문학, 과학, 철학, 신학 등 다양한 분야에서 실력을 나타낸 사람이었어요. 정약용은 정조로부터 화성을 축조하라는 명을 받고 과학적인 원리를 이용하여 화성을 축조했어요. 이때 무거운 돌을 들어올리기 위해 거중기를 발명하게 되었답니다. 거중기는 도르래의 원리를 이용하여 무거운 것을 들어 올리는 장치예요.

담양 대나무축제

전라남도 담양은 대나무 자생지로 유명한 지역이에요. 우리나라에서 유일한 대나무박물관이 있지요. 대나무를 이용한 다양한 제품들을 볼 수도 있고요. 죽부인과 같은 여름철 대나무를 이용해 더위를 피한 조상들의 지혜로운 생활용품들도 만나볼 수 있어요. 대나무를 주제로 해서 체험도 할 수 있도록 한 축제입니다.

선비들에게 사랑받았던 죽부인

죽부인은 대(竹)를 쪼개어 매끈하게 다듬어 얼기설기 엮어서 만든 옛 침구인데요. 누워서 안고 잠을 자기에 알맞게 원통형으로 만들어졌어요. 속이 비어 있어 공기가 잘 통하고 표면에서 느껴지는 차가움 때문에 여름에 안고 자면 더위가 싹 사라진다고 해요.

강릉 단오제

2005년에 유네스코 세계무형유산으로 지정된 한 강릉 단오제는 단오에 강릉 일대에서 지내는 제사였는데 축제로 발전했어요. 범일국사가 죽어서 대관령 서낭이 되었다는 전설도 있고, 김유신과 관련된 전설도 있어요. 음력 3월 20일 제사에 드릴 술, 신주를 빚으면서 시작해요. 5월 5일까지 45일 동안 지내는 제사이면서 강릉 지역 사람들의 축제입니다. 우리나라 유일의 무언극인 관노가면극을 하기도 하고 다양한 민속놀이가 벌어집니다.

생각 더하기 - 관노가면극이란?

강릉 단오제에서 중요한 행사 중 하나예요. 양반각시, 소매각시, 시시딱딱이, 장자마리 등 다양한 성격을 가진 인물들이 가면을 쓰고 출연하는데 말은 하지 않고 춤과 몸짓으로만 하는 놀이예요.

첫째 마당 : 배불뚝이 장자마리가 장난스럽게 마당을 돌아다니며 논다.
둘째 마당 : 양반광대와 소매각시가 사랑을 나눈다.
셋째 마당 : 험상궂은 시시딱딱이가 양반광대와 소매각시의 사랑을 방해하고 소매각시를 빼앗는다.
넷째 마당 : 소매각시의 자살소동이 벌어진다.
다섯째 마당 : 소매각시가 다시 살아나 모두 화해하며 끝이 난다.

안동 국제 탈춤 페스티벌

경상북도 안동시 하회마을에서 매년 가을에 펼쳐지는 축제입니다. 안동 지역에서 전승되고 있는 하회별신굿탈놀이를 중심으로 세계의 탈놀이까지 함께 볼 수 있는 축제예요. 봉산탈춤, 강령탈춤 등 한국의 다양한 전통 탈놀이를 볼 수 있어요.

도련님도 참~ 춘향이라 합니다~

춘향과 몽룡을 만나게 해 준 그네

단오가 되면 여자들은 적당한 나무에 그네를 매고 단오빔이라는 예쁜 옷을 차려입고 그네를 탔어요. 하늘 높이 그네를 타는 모습을 보고 이몽룡 도령이 춘향이에게 반했다고 합니다.

남원 춘향제

판소리 여섯 마당의 하나로 "사랑 사랑 사랑 내사랑이야." 이렇게 부르는 사랑가가 나오는 춘향가를 아시나요? 춘향가는 나중에 춘향을 주인공으로 한 춘향전이라는 소설로 쓰이게 되었어요. 성춘향과 이몽룡의 아름다운 사랑 이야기를 그린 춘향전의 배경이 된 곳이 전라북도 남원입니다. 그래서 남원에서는 이 이야기를 가지고 춘향제라는 축제를 열어서 춘향이와 몽룡의 아름다운 사랑을 기리고 다양한 행사를 진행합니다.

저 아름다운 여인은 누구지?

또 하나의 세시풍속, 속담을 통해 본 24절기

이야기 3

우리 조상들은 예로부터 일 년을 봄, 여름, 가을, 겨울 4계절로 나누고 24절기로 나누었어요. 보통 24절기를 기준으로 농사를 지었기 때문에 매우 중요하게 생각했어요. 절기는 태양의 변화에 따라 일 년을 24로 나눈 것인데 양력에 더 잘 맞습니다. 봄의 절기는 입춘, 우수, 경칩, 춘분, 청명, 곡우이고, 여름의 절기는 입하, 소만, 망종, 하지, 소서, 대서입니다. 가을의 절기는 입추, 처서, 백로, 추분, 한로, 상강이고, 겨울의 절기는 입동, 소설, 대설, 동지, 소한, 대한이에요.

입춘대길(立春大吉) 건양다경(建陽多慶)

입춘은 24절기의 첫 번째 절기로 봄이 시작되는 날이에요. 양력으로는 보통 2월 4일이지요. 입춘이 되면 새봄을 맞이하는 뜻에서 대문에 글자를 써서 붙여놓아요. 이것을 춘축이라고 하고 입춘축이라고도 합니다. 주로 크게 좋은 일이 생기기를 바라고 건강과 경사스러운 일들이 있으라는 의미에서 '입춘대길 건양다경'이라는 글자를 써서 붙입니다.

우수 경칩에 대동강 물이 풀린다

경칩은 겨울잠을 자던 벌레나 개구리 등이 잠에서 깨어나기 시작하는 때라는 뜻이에요. 양력으로는 보통 3월 5일쯤이지요. 이때가 되면 날씨가 따뜻해져서 얼었던 땅이 녹고 개나리와 진달래가 피어요. 대동강은 한반도의 북쪽에 있어 겨울에 무척 추운 곳입니다. 겨울 내내 강물이 꽁꽁 얼어있다가도 우수 경칩이면 녹는다는 말이니 날씨가 따뜻해진다는 속담입니다. 허리가 아픈 데 좋다고 해서 개구리 알을 먹기도 했다는군요. 함부로 개구리 알을 채취하는 것은 법에 어긋나는 행동입니다. 더군다나 먹는 것은 안 되겠지요?

보리는 망종 전에 베라

망종까지는 보리를 모두 베어야 논에 벼를 심어서 벼농사를 시작할 수 있어요. 양력으로는 6월 5일쯤인데 모내기를 시작하기 위해 농촌에서는 일손이 바빠지는 시기예요. 그래서 망종 전까지는 보리를 베어야 한답니다.

처서가 지나면 모기도 입이 비뚤어진다

처서가 지나면 더위도 가시고 선선한 가을을 맞이하게 됩니다. 더운 여름내내 사람들을 귀찮게 했던 모기도 처서가 지나면 입이 비뚤어져서 사람들을 괴롭히지 않는다는 속담처럼 더위가 그치고 날씨가 선선해진다는 뜻입니다. 이때가 되면 뜨거운 햇볕이 누그러지기 때문에 풀이 더 자라지 않아 산소의 풀을 깎아 벌초를 했습니다.

한로가 지나면 제비도 강남으로 간다

공기가 점점 차가워지고 찬이슬이 맺히는 한로는 중양절과 비슷한 때입니다. 중양절에 제비가 강남으로 가는 것과 마찬가지로 한로가 지나면 날씨가 추워지기 시작하므로 제비들도 따뜻한 곳을 찾아서 떠난다고 합니다.

입동이 지나면 김장도 해야 한다

입동은 겨울의 시작을 나타내는 절기로 물이 얼고 땅이 처음 얼기 시작하는 때입니다. 이 무렵에는 겨울 동안 먹을 김장을 담가야 합니다. 입동이 지나면 배추가 얼어서 김장을 하기 어려워지기 때문이에요.

소한 추위는 꾸어다가라도 한다

소한은 작은 추위라는 뜻입니다. 하지만 큰 추위를 뜻하는 대한 때보다 소한 때가 더 춥다고 합니다. 그래서 '대한이 소한에게 놀러갔다가 얼어 죽었다'는 속담도 있답니다. 간혹 겨울이 따뜻한 해도 있습니다. 그러나 소한 때가 되면 꼭 추워진다고 해서 생긴 속담이에요. 일 년 중 가장 추운 때가 바로 소한 때라는 의미입니다.

교과서에서 만나는 민속박물관 여행

국립민속박물관 제2전시관은 **한국인의 일상관**입니다. 봄·여름·가을·겨울 일 년 사계절 동안 우리 조상들이 살아가던 일상을 담고 있는 전시관이에요. 봄에 파종을 하면서 시작되는 농사일은 모내기와 김매기를 하면서 여름 동안 농작물을 키우고 가을이 되면 수확을 해요. 가을에 수확한 농작물들은 겨울동안 저장해 두고 편안한 겨울을 보냈어요. 한국인들의 하루, 일 년 동안의 일상이 전개 되어 있는 2전시관을 관람해 보세요.

1. 겨울동안 먹기 위해 겨울이 시작될 무렵에 한꺼번에 김치를 담그는 것을 무엇이라고 할까요?

( )

2. 겨울이 되기 전에 겨울나기를 위한 김치를 담가야 해요. 무, 배추, 고춧가루 등 여러 가지 재료를 가지고 김장을 하죠. 그렇다면 언제부터 겨울이 시작된다고 생각했을까요? 이 시기가 지나면 무, 배추가 얼어서 김장을 하기가 힘들다고 해서 바로 이 무렵에 김장을 했다고 합니다. 24절기의 하나로 겨울의 시작을 알리는 이 날은 언제일까요?

( )

3. 정월 대보름날 아침에 밤, 호두, 잣 등 단단한 열매를 깨물어 한 해 동안 종기나 부스럼이 생기지 않도록 했던 풍습은 무엇일까요?

( )

4. 설날에 먹는 떡국에 본래 넣어서 먹은 고기였는데 점차 그 수가 줄어들면서 닭고기를 넣어서 먹었다고 해요. '◌ 대신 닭'이라는 속담이 여기서 생겨났다고 하죠? 무엇일까요?

( )

5 강남으로 갔던 제비가 다시 돌아오는 날이에요. 음력으로 3월 3일인데 진달래꽃을 따서 화전을 부쳐 먹기도 해요. 이 날을 무엇이라 부르나요?

(   )

6  무더운 여름이 시작되기 전 단오가 되면 나라에서 왕이 신하들에게 직접 이것을 나누어 주었다고 해요. 선풍기도 없고 에어컨도 없던 시절에 더위를 피할 수 있었던 물건이었던 이것은 무엇일까요?

(   )

7  대나무를 쪼개어 매끈하게 다듬어 만든 것인데 여름에 잠을 잘 때 안고 자면 더위가 사라진다는 물건이에요. 이것은 무엇일까요?

(   )

8  음력으로 12월 마지막 날을 섣달 그믐이라고 하는데 이 날 밤에 잠을 자면 눈썹이 하얗게 센다고 하여 아이들은 잠을 자지 않으려고 애를 써요. 만약 잠이 들게 되면 눈썹에 하얀 밀가루를 발라 놓기도 하는데 그 해를 지킨다는 뜻을 가진 이것은 무엇일까요?
( )

9 8월 한가위가 되면 둥근 보름달이 뜹니다. 보름달이 뜨는 것을 보고 소원을 빌면 소원이 이루어진다고 하는데요. 보름달이 뜨면 여러분은 어떤 소원을 빌고 싶으세요?

보름달님! 저의 소원은~

( )드림

정답: 1. 강강 2. 윷놀이 3. 쥐불놀이 4. 떡 5. 달집태우기 6. 부채 7. 호랑이 8. 수세

얼쑤!
덩실덩실 어깨춤도 추고 신나게 놀아보자
민속놀이 이야기

교과서 속 민속놀이 이야기
사계절 특별한 날 즐기는 명절놀이
함께해서 더욱 즐거운 대동놀이
전해 내려오는 놀이, 전래놀이
얼쑤, 신나는 한바탕 탈놀이
교과서에서 만나는 민속박물관 여행

교과서 속 민속놀이 이야기

어린이 여러분들은 주말이면 무엇을 하나요? 설마 주말에도 공부만 하는 것은 아니겠죠? 가족과 함께 주말이 되면 일이나 공부로부터 벗어나 자유로운 시간을 가지게 되는데 이것을 여가 생활이라고 해요. 여가 생활을 잘 하면 건강해지고 일도 공부도 더 잘하게 됩니다. 예로부터 우리 조상들은 여러 가지 놀이를 즐겼어요. 특별한 날에만 하는 놀이도 있고, 일 년 내내 하는 놀이도 있고, 혼자서 하는 놀이도 있고, 여럿이 함께 하는 놀이도 있어요. 놀이를 하면서 건강과 풍년을 빌기도 했고, 함께 즐기며 협동심을 기르기도 했어요.
이런 놀이들을 민속놀이라고 합니다. 자! 그럼 이제부터 놀면서 일하고 즐기는 조상들의 지혜와 슬기가 담겨 있는 놀이세상 속으로 들어가 볼까요?

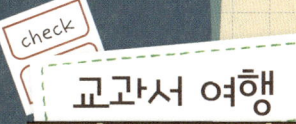
교과서 여행

학년	과목	단원	쪽수	관련 내용
1-1	슬기로운 생활	2. 봄이 왔어요	30~33	소꿉놀이, 풀피리, 공기놀이, 비사치기 등
		4. 건강하게 생활해요	58~59	주사위놀이
	즐거운 생활	1. 즐거운 학교생활	12~15	남생이놀이, 강강술래
		3. 가족은 소중해요	44~45	칠교놀이
		4. 누구를 만날까요	56~63	탈놀이
		6. 와! 여름이다	96~97	수수깡, 공놀이
1-2	슬기로운 생활	7. 겨울방학을 알차게	82~85	겨울놀이(눈싸움, 팽이치기, 썰매타기 등)
	즐거운 생활	2. 신 나는 놀이	28~29	전래놀이
		3. 함께하는 한가위	46~53	줄다리기, 윷놀이, 투호, 제기차기 등
		6. 흐름결을 느껴요	88~89	바람개비
		7. 겨울 방학을 알차게	110~111	연날리기
2-1	국어	5. 더 알고 싶어요	81~84	꼬리잡기, 그림자밟기, 비사치기
	즐거운 생활	3. 토끼와 거북	42~45	여러 가지 탈
		4. 꽃으로 꾸미는 세상	62~63	인형극
2-2	즐거운 생활	3. 아름다운 우리나라	40~47	팽이놀이, 탈춤, 사물놀이
		7. 신 나는 겨울 세상	101~103	비사치기, 겨울민속놀이
	생활의 길잡이	3. 아름다운 우리나라	28~29	품앗이, 두레
	국어	1. 느낌을 나누어요	5~22	인형극
		5. 어떻게 정리할까요?	75~88	딱지치기
3-1	국어	2. 아는 것이 힘	27~48	굴렁쇠 굴리기
		3. 여러 가지 생각	89~108	산가지 놀이
	사회	3. 고장의 생활과 변화	106~115	옛날과 오늘의 여가생활(연날리기, 팽이치기, 씨름, 다리밟기 등 민속놀이)

이야기 1. 사계절 특별한 날 즐기는 명절놀이

바람을 타고 하늘을 훨훨, 연날리기

설날이 되면 바람 부는 언덕에 올라가 연을 날려요. 설날부터 정월 대보름 사이에 많이 하는 민속놀이예요. 정월 대보름날에는 송액 또는 송액영복이라고 글자를 써서 액을 막고 복을 빌기 위해 액막이연을 날리는 풍속이 있었어요. 방패연, 가오리연이 대표적인 연이에요. 임진왜란 때 이순신 장군이 신호연으로 사용했던 충무연도 있어요. 연날리기에서 가장 재미있는 것은 연싸움이에요. 서로 실을 얽히게 한 뒤 상대방 연줄을 끊으면 이기는 것이지요.

생각 더하기 - 연날리기와 김유신 장군

신라 진덕여왕 때 김유신 장군이 연을 사용하였다는 기록이 전해지고 있는 만큼 연날리기는 아주 오랜 옛날부터 있었어요. 하늘의 별이 땅에 떨어져서 여왕이 패할 징조라고 소문이 났어요. 그러자 허수아비에다 불을 붙여서 연에 달아 하늘 높이 띄웠는데, 별이 다시 하늘로 올라갔다라고 하여 위기를 모면하게 되었다는 이야기가 전해지고 있답니다.

다섯 동물들의 행진, 윷놀이

요즘은 명절이 되면 가장 흔하게 볼 수 있는 것이 바로 윷놀이에요. 본래는 정월 초하루부터 정월 보름까지 윷이라는 도구를 사용하여 남녀노소가 어울려 즐기며 놀던 놀이였어요. 사희, 척사희라고도 해요. 윷놀이는 윷가락을 던져 나온 도·개·걸·윷·모에 의해 결정 나는데, 도는 돼지, 개는 개, 걸은 양, 윷은 소, 모는 말을 뜻합니다. 놀이 방법이 쉬워서 가장 많이 즐겨 놀던 놀이예요.

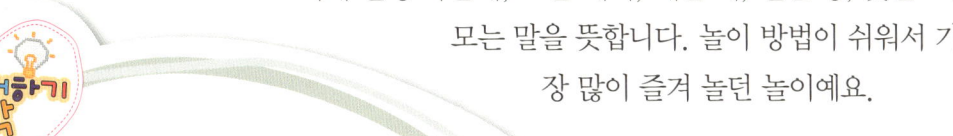

윷놀이 하는 방법을 알아볼까요?

윷은 장작윷과 밤윷 두 종류가 있어요. 윷놀이 하는 방법은 네 개의 윷가락을 위로 던져 떨어지게 해요. 네 개가 모두 젖혀진 것을 윷, 그리고 반대로 네 개가 모두 엎어진 것을 모라고 해요. 또 세 개가 엎어진 것은 도, 두 개가 엎어진 것을 개, 한 개만 엎어지고 나머지는 젖혀진 것을 걸이라고 하지요. 말은 윷가락이 젖혀진 숫자만큼 갈 수 있는데 도는 한 칸, 개는 두 칸, 걸은 세 칸, 윷은 네 칸을 갑니다. 모가 나오면 다섯 칸을 갑니다. 윷이나 모가 나오면 한 번 더 던질 수가 있습니다.

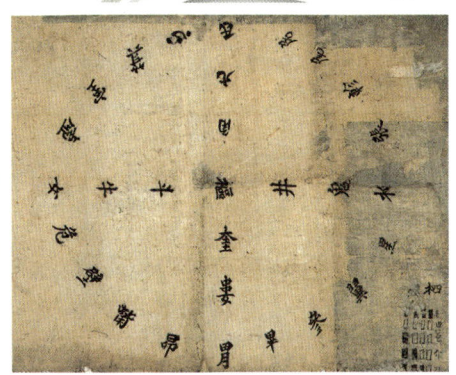

놀면서 점을 치는 윷놀이

윷을 가지고 재미있는 놀이도 하지만 윷으로 일 년의 운수를 점쳐보기도 했어요. 윷점이라고 해요. 윷가락을 던져서 도가 나오면 1점, 개가 나오면 2점, 걸이 나오면 3점, 윷이 나오면 4점, 모가 나오면 0점으로 점수를 매기면서 연거푸 세 번 던져요. 세 번 연속해서 나오는 세 개의 숫자를 가지고 뜻풀이를 찾아 새해의 좋고 나쁨을 점쳐 보는 거예요.

담장 너머 세상 구경, 널뛰기

널뛰기는 음력 정월에 즐기는 대표적인 여자들의 민속놀이예요. 길고 두껍고 넓은 판자를 하나 구하고 판자 밑의 한 가운데에다 가마니를 말아서 괴어 둡니다. 그런 다음 양쪽에 한 명씩 서서 순서대로 번갈아가며 힘껏 구르면 한 사람씩 공중으로 솟구쳐 오르게 되지요. 판자가 움직이지 않게 하기 위해서 가운데에 사람이 앉아 있기도 해요. 옛날에 바깥 출입이 어려웠던 여자들은 널을 뛰면서 담장 너머 세상을 구경했다고 해요. 담장 너머 바깥 세상을 구경하려면 하늘 높이 뛰어야겠죠?

생각 더하기 - 남편에 대한 사랑이 널뛰기 놀이를 만들었어요

옛날 고려 시대의 이야기입니다. 어느 고을에 억울한 누명을 쓰고 옥에 갇힌 사내가 있었어요. 그 사내에게는 아름답고 마음씨 고운 부인이 있었는데 남편이 너무 보고 싶은 부인은 감옥을 지키는 사람에게 남편을 보게 해달라고 부탁을 했지요. 그러자 감옥을 지키는 사람은 죄인들을 마당에서 바람을 쐬도록 해 줄테니 알아서 보라고 했어요. 부인은 자신과 비슷한 처지의 여자를 찾아가 널을 뛰면서 번갈아가며 남편의 얼굴을 보자고 했어요. 그렇게 해서 두 여자는 널뛰기를 하게 되었고 그때부터 온 나라에 널뛰기가 퍼졌다고 합니다. 남편에 대한 사랑이 널뛰기 놀이를 만들었다고 해요.

이야기 2
함께 해서 더욱 즐거운 대동놀이

줄을 당기면 풍년이 온대요, 줄다리기

가을에 거둬들인 벼에서 곡식을 털어 내고 남은 짚을 엮어서 굵고 긴 줄을 만들어요. 줄다리기는 줄을 양쪽에서 당기며 노는 놀이인데, 주로 정월 대보름에 놀았어요. 바쁜 농사철이 오기 전에 마을 사람들의 협동심을 키우기 위해서 놀았답니다. 줄다리기는 한 줄로 하는 외줄다리기와 두 개의 줄로 하는 쌍줄다리기가 있어요. 두 줄로 하는 줄다리기는 암줄과 수줄로 나누어서 하는데 놀이를 시작할 때 수줄을 암줄에 끼우고 비녀목을 꽂아 줄이 풀리지 않도록 만들지요. 편을 나눌 때도 여자는 암줄을 잡고 남자는 수줄을 잡아서 당겨요. 여자 쪽이 이겨야만 풍년이 온다고 합니다.

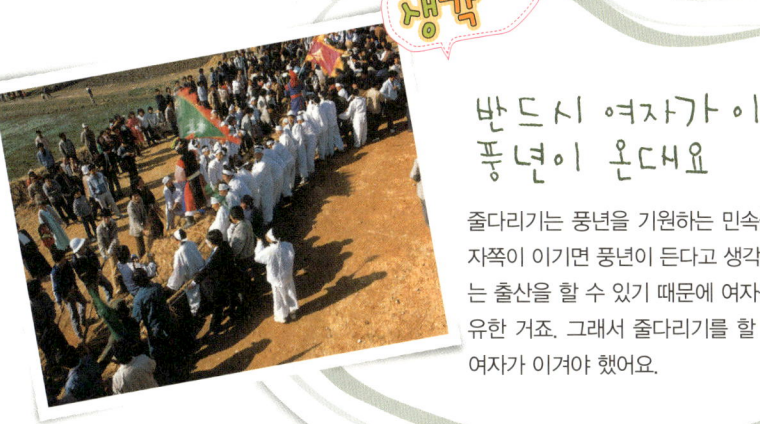

생각더하기
반드시 여자가 이겨야 풍년이 온대요

줄다리기는 풍년을 기원하는 민속놀이예요. 여자쪽이 이기면 풍년이 든다고 생각했어요. 여자는 출산을 할 수 있기 때문에 여자를 농사에 비유한 거죠. 그래서 줄다리기를 할 때는 반드시 여자가 이겨야 했어요.

한가위 보름달처럼 둥글게 돌아요, 강강술래

8월 한가위가 되면 둥근 보름달이 뜹니다. 달이 환하게 비추면 여자들이 집단으로 손을 잡고 둥글게 서서 노래를 부르고 빙글빙글 돌면서 강강술래를 합니다. 강강술래는 전라남도 지역에서 임진왜란 당시 이순신 장군이 전쟁에서 왜군을 속이기 위해 놀았던 놀이라고 전해지고 있어요. 강강술래는 남생이놀이, 고사리꺾기, 청어엮기, 지와밟기, 덕석말이, 문지기놀이 등 종류도 다양하고 부르는 노래도 아주 많아요. 강강술래가 여자들의 놀이인데, 여자들이 아이를 낳는다고 해서 풍년을 기원하는 놀이라고도 한답니다.

사람이 다리가 되어 길을 만들어요, 놋다리밟기

놋다리밟기는 경상북도 안동시에서 전해져 오는 놀이예요. 전설에 의하면 고려 공민왕이 노국공주와 함께 홍건적의 난을 피하여 남쪽으로 피란할 때였어요. 안동 소야천에 이르러 보니 다리도 없고 나룻배도 없는데 날은 어두워지고 날씨는 몹시 추웠다고 해요. 이 소식을 들은 안동지역의 여자들이 달려 나와 물에 들어가서 허리를 구부려 다리 모양을 만들었어요. 그렇게 해서 왕의 일행이 무사히 소야천을 건널 수 있었어요. 그때부터 이 놀이가 시작되었다고 합니다.

신나고 흥겨운 풍물굿, 사물놀이

우리 민족은 예로부터 무엇을 하건 어떤 명절이건 신명 나는 풍물굿과 함께 했어요. 정초가 되면 울긋불긋 꽃을 단 고깔모자를 쓴 풍물패들이 저마다 악기를 두드리며 집집마다 돌아다니면서 집안의 나쁜 기운을 밟아 주는 지신밟기를 하기도 했고요. 신나는 일이 있을 때도 풍물을 치며 놀았지요. 풍물굿은 흔히들 농악이라고 해요. 풍물굿은 꽹과리, 장구, 북, 징, 소고, 태평소 등 6가지 악기가 기본이에요. 사물놀이는 꽹과리, 장구, 북, 징으로 구성되어 있는 놀이지요. 마을의 행사인 당산굿, 김매기나 모내기가 끝나고 하는 두레 풍장에도 풍물이 없으면 안 되었지요.

이야기 3
전해 내려오는 놀이, 전래놀이

힘껏 내리쳐 뒤집어라, 딱지치기

못 쓰는 두꺼운 종이를 접어서 만든 딱지를 땅바닥에 놓고 다른 딱지로 그 위나 옆을 내리쳐요. 바닥의 딱지가 뒤집히거나 일정한 선 밖으로 나가면 이기는 놀이가 딱지치기예요. 오늘날 여러 형태의 딱지가 있을 뿐만 아니라 다양한 재료를 갖고 만든 딱지들이 있어 어린이들의 주된 놀잇감이지요.

바람 속으로 뛰어가 보자, 바람개비

바람개비는 팔랑개비라고도 부르는데 대나무를 이용하여 뼈대를 만들고 그 위에다 다섯 가지 색종이를 붙여요. 그것을 대나무 막대기에 꽂고 바람을 이용해 돌게 만드는 놀이가 바람개비놀이예요. 종이 이외에도 새의 깃털이나 대나무 등을 이용하여 만들어 놀기도 했어요.

집어라 받아라, 공기놀이

공기놀이는 작은 돌을 일정한 규칙에 따라 집고 받고 하는 놀이예요. 공기는 놀이에 쓰이는 작은 물체를 말해요. 대부분 작고 비슷한 크기를 지닌 돌이며, 오늘날에는 플라스틱을 이용해 대량 생산되고 있어요. 공기 5개를 가지고 노는 다섯 알 공기는 한 알 집기, 두 알 집기, 세 알 집기, 네 알 집기, 꺾기의 놀이 방법이 있어요.

힘껏 돌려라, 팽이치기

팽이치기는 주로 겨울철 눈이나 얼음판 위에서 아이들이 나무로 만든 팽이를 갖고 돌리며 노는 놀이예요. 오늘날에는 팽이를 만드는 방식이나 노는 방식이 예전과 비교해서 계절 및 공간의 제한을 받지 않고 언제 어디서나 할 수 있는 놀이로 변했는데요. 원래 도토리나 상수리를 돌리며 놀던 놀이가 팽이치기 놀이로 변했다고 합니다. 팽이는 아랫부분으로 갈수록 점차 뾰족하게 만든 말팽이가 가장 흔하게 사용되었어요.

발로 통통 튕겨라, 제기차기

제기차기는 삼국 시대부터 조선후기까지 널리 행해진 놀이예요. 엽전이나 쇠붙이에 얇고 질긴 종이나 천을 접어서 싼 다음, 끝을 여러 갈래로 찢어 너풀거리게 만든 제기를 가지고 놀아요. 제기차기는 어디에서나 아무 때나 가능했지만 주로 겨울에서 봄 사이에 즐기는 놀이였어요. 추운 날씨에 집 밖에서 제기를 차면서 땀을 내고 체력을 기르며 건강도 유지할 수 있었지요. 제기를 차는 방법으로 발들고차기, 양발차기, 외발차기, 뒷발차기 등이 있어요. 땅을 딛지 않고 계속 차는 것을 헐랭이라고도 합니다. 여럿이 모여서 돌려가며 차는 동네제기도 있었습니다.

일곱 조각의 마법 세계, 칠교놀이

칠교놀이는 오래 전부터 전해 내려온 놀이로 아이들뿐만 아니라 남녀노소 누구나 즐겼던 놀이였어요. 이 놀이는 정사각형을 잘라 만든 7개의 조각들로 사람이나 동물의 여러 형태나 도형, 집, 배, 숫자 모양 등 여러 가지 독창적 모양을 만들어내면서 놀았던 놀이예요. 예전에는 손님이 집에 왔을 때 음식을 준비하는 동안이나 사람을 기다리는 시간에 지루하지 않도록 주인이 이것을 내어 놀이를 벌였다고 해서 '유객판' 또는 '유객도'라고도 불렀답니다.

연꽃

물새

빙빙 굴려라, 굴렁쇠 돌리기

Y자형 막대 끝에 둥근 테 모양의 쇠(또는 대나무)를 대고 굴리면서 달리는 놀이예요. 원래 나무로 만든 술통을 뉘어 굴리며 놀던 데에서 유래하였어요. 그러다가 대나무로 만든 둥근 테를 막대기 끝 부분이 V자 모양으로 된 손잡이로 하여 넘어지지 않도록 받쳐 굴리는 형태로 변화했지요. 지금은 굵은 철사나 자전거 바퀴, 작은 수레바퀴를 이용하여 굴리는 놀이로 정착하였답니다.

민속놀이 이야기

나무로 셈하기, 산가지놀이

옛날에는 수를 셈하기 위한 특별한 도구가 없었어요. 그래서 주로 나뭇가지를 이용해서 셈을 하기도 했지요. 이것을 이용한 놀이가 산가지놀이예요. 산가지놀이는 수숫대, 싸리, 대나무 등을 매끈하고 짧게 깎아 만든 대를 이용하여 여러 가지 문제를 내고 이를 푸는 놀이를 말합니다. 놀이방법으로 산가지 떼어내기, 산가지 따기, 형태 바꾸기, 산가지 들기, 삼각형 없애기, 쌍 만들기 등이 있어요. 인류의 문명이 발달하면서 주판이나 전자계산기와 같은 편리한 계산 도구들이 나오게 되었어요.

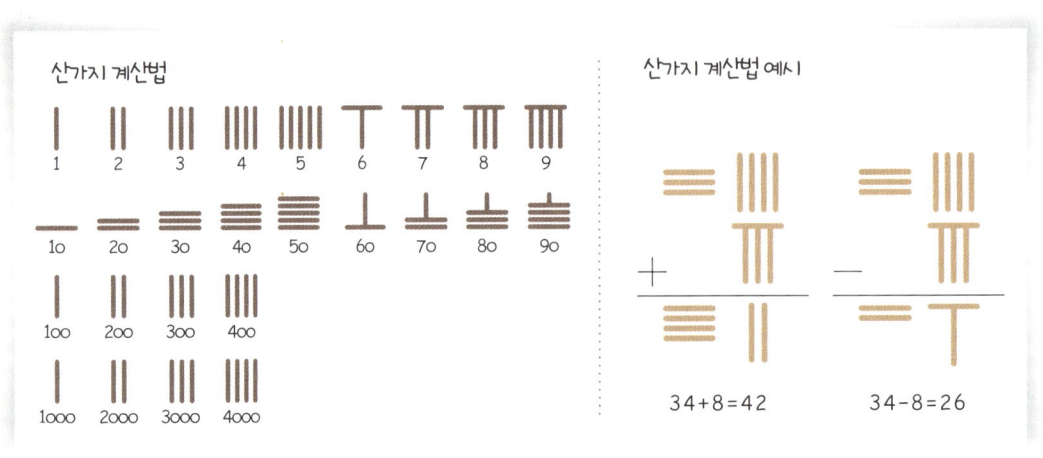

돌을 날려서 치는 놀이, 비석치기

일정한 거리에서 손바닥만한 작은 돌을 발로 차거나 던져서 상대의 비석을 쓰러뜨리는 놀이인데 비사치기라고도 불러요. 비석 모양의 돌을 세워놓고 이것을 쳐서 넘어뜨리기 때문에 비석치기라고 부르는 것이 아니라 돌[石]을 날려서[飛] 치는 놀이라는 뜻에서 비석치기라고 한답니다.

집중력을 키울 수 있는 놀이, 투호

투호는 일정한 거리에 병을 놓고 편을 갈라 병 속에 화살을 던져 넣으며 노는 놀이예요. 화살을 많이 넣는 편이 이기는 놀이지요. 누구나 손쉽게 즐길 수 있는 놀이였어요. 놀이 하는 사람에게 집중력을 길러 줄 수 있다고 해서 요즘도 많이 노는 놀이입니다.

열 손가락으로 만드는 세상, 실뜨기

실뜨기는 언제 어디서나 두 사람 이상이 되면 별다른 준비 없이 할 수 있는 매우 간단한 여자 아이들의 놀이예요. 실의 양 끝을 마주 매어서 두 손에 건 다음, 양 손가락에 얼기설기 얽어서 두 사람이 주고받으면서 여러 가지 모양을 만들면서 하는 놀이지요. 이 놀이는 한국, 일본, 중국, 유럽 등 세계적으로 널리 알려진 놀이로 만드는 형태에 따라 사다리, 젓가락, 배 등 그 변화 모양이 다양합니다.

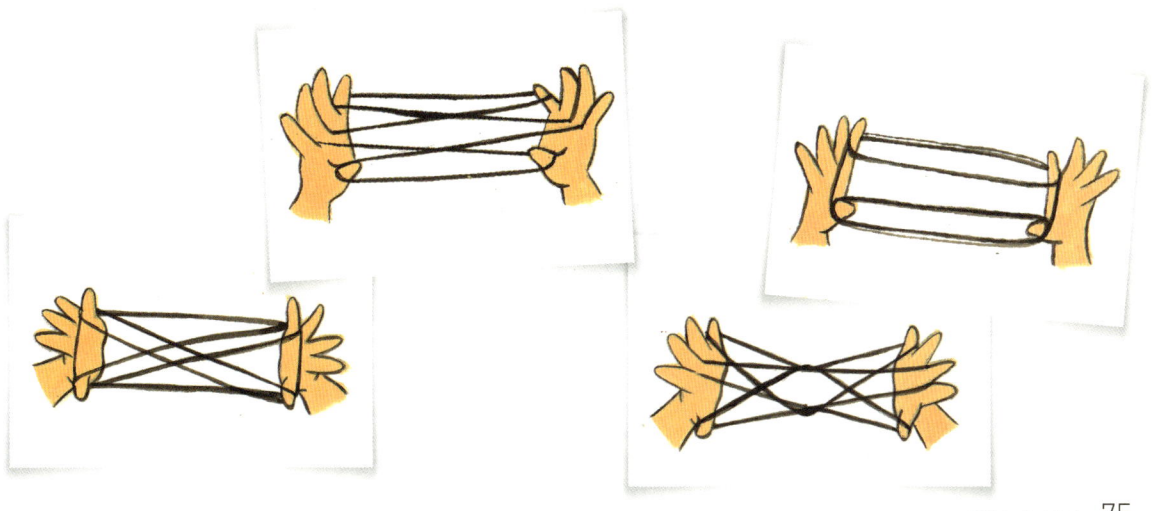

이야기 4
얼쑤, 신나는 한바탕 탈놀이

가면 쓰고 한바탕 즐기는 탈놀이

탈놀이는 탈을 쓰고 하는 놀이예요. 지역에 따라 종류가 아주 많아요. 또 정월대보름에 놀기도 하고, 단오 때 놀기도 하고, 추석 때 놀기도 합니다. 지역마다 탈의 모양도 다양합니다. 경북 안동 지방의 하회별신굿탈놀이, 황해도의 봉산탈춤, 함경남도 북청 지방의 북청사자놀음, 경남 통영의 오광대놀이 등이 잘 알려져 있어요. 모두다 탈을 쓰고 한바탕 즐기는 탈놀이예요.

봉산탈춤

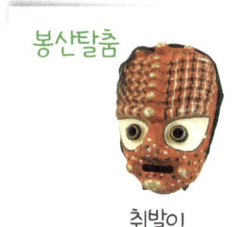    

취발이 　 말뚝이 　 미얄할미 　 노장 　 사자

강령탈춤

사자 　 말뚝이 　 미얄할미 　 노승 　 취발이

양주별산대놀이

샌님 　 취발이 　 미얄할미 　 눈끔적이 　 왜장녀

탈을 쓰고 마음껏 놀아요

옛날에는 신분제도가 있어서 일반 백성들은 양반에게 짓눌려 살아야 했어요. 잘못된 일을 시켜도 해야만 했고 억울한 일도 많이 당할 수밖에 없었어요. 하지만 탈놀이에는 가난한 백성이 못된 양반을 혼내거나 비웃는 장면이 있어요. 따라서 일반 백성들이 탈을 쓰고 그 속에서 못된 양반들을 혼내주고 이를 고소해하며 마음껏 즐길 수 있었답니다.

생각 더하기

양반을 조롱하거나 비판하는 풍자

어떤 대상을 다른 것에 빗대어 재치 있게 조롱하거나 비판하는 것을 풍자라고 합니다. 탈놀이에는 양반을 풍자하는 장면이 많이 나옵니다. 봉산탈춤에 보면 양반과 양반을 모시는 말뚝이와의 관계에 가장 잘 나타나 있어요. 잘난 척 하는 양반에게 말뚝이는 복종하는 척하면서 대항해요. 그러나 양반은 그걸 눈치 채지 못하고 만족해합니다. 양반이 어리석게 보여서 많은 사람들은 웃게 되는 것이지요.

우리나라 유일의 전통 인형극, 꼭두각시놀음

꼭두각시놀음은 현재 우리나라에서 유일하게 전해지고 있는 인형극이에요. 주인공이 박첨지이기 때문에 박첨지놀음이라고도 불러요. 남사당패가 전국을 돌며 공연을 하는데 풍물(농악), 버나(접시돌리기), 살판(땅재주), 어름(줄타기), 덧베기(탈놀이), 덜미(꼭두각시놀음) 중 하나의 놀이입니다. 인형의 목덜미를 잡고 놀았다고 해서 덜미라고 합니다. 꼭두각시놀음도 양반에 대한 풍자가 많아요. 사회적으로 잘못된 것에 대해 비판하는 내용도 있습니다.

생각 더하기

인형극과 탈춤

인형극은 인형을 사람이 조정하면서 즐기는 놀이예요. 우리나라에는 꼭두각시놀음과 서산박첨지놀음이 있지요. 탈춤은 한국의 각 지방에서 전해지는 탈을 쓰고 노는 전통 가면극이에요. 아주 오랜 옛날부터 전해져 오는 놀이랍니다. 인형극은 주로 공격적인 내용인데, 탈춤은 다른 사람들의 잘못이나 사회 문제를 비꼬는 풍자적인 내용이 많아요. 하지만 이들은 모두 서민층들이 즐기던 놀이로 서민들의 스트레스를 풀어주는 역할을 했답니다.

교과서에서 만나는 민속박물관 여행

국립민속박물관 제3전시관은 **한국인의 일생관**입니다. 한국인의 일생관에는 우리 조상들이 풍류를 즐기며 살았던 자료들이 많이 있습니다. 가야금, 거문고, 해금, 아쟁 등 줄로 이루어진 현악기와 퉁소, 단소, 대금, 소금 등 입으로 불어서 소리를 내는 관악기도 있고 북, 장구, 꽹과리 등 두들겨서 소리를 내는 타악기가 있어요. 전통 악기들을 이용해서 우리 조상들은 마을굿을 할 때 흥겹게 즐기기도 하고 여러 가지 행사 때 놀기도 했어요.

다음의 밑줄에 들어가야 할 단어는 무엇일까요? 보기에서 찾아 써 보세요.

보기
줄다리기, 강강술래, 놋다리밟기, 지신밟기, 고싸움놀이, 윷놀이, 칠교놀이, 사물놀이

1. 한가위날 밤에 보름달이 뜨면 여자들은 손에 손을 잡고 둥글게 돌면서 _____(을/를) 하며 놀았어요.

2. _____(은/는) 고려 공민왕과 노국공주 전설과 관련이 있는 놀이로 왕의 일행이 시냇물을 무사히 건널 수 있도록 사람들이 다리를 만들어준데서 전해진 놀이예요.

3. _____(은/는) 남녀노소 누구나 즐겼던 놀이로 손님이 집에 왔을 때 음식을 준비하는 동안이나 사람을 기다리는 시간에 지루하지 않도록 주인이 이것을 내어 놀이를 벌였다고 해서 유객판 또는 유객도라고도 합니다.

다음 밑줄에서 정답에 해당하는 것에 ○ 표시하세요.

4. 줄을 양쪽에서 당기며 노는 줄다리기는 반드시 여자, 남자 쪽이 이겨야 풍년이 들어요.

5. 네 가지의 악기를 이용해서 지신밟기나 풍물굿에서 함께 하던 놀이가 사물놀이입니다. 사물놀이는 꽹과리, 장구, 북, 징, 소고, 태평소로 구성되어 있는 놀이예요.

다음의 해당 놀이의 그림과 연결시켜 보세요.

연날리기 •

팽이치기 •

공기놀이 •

제기차기 •

산가지놀이 •

국립민속박물관 제2전시관 한국인의 일상관을 따라 들어가다 보면 전국에서 놀던 탈춤의 탈이 전시되어 있어요. 탈을 자세히 살펴보고 어떤 탈춤의 탈인지 맞혀보세요.

 다음의 해당 탈과 연결시켜 보세요.

봉산탈춤　　●

강령탈춤　　●

양주별산대놀이　　●

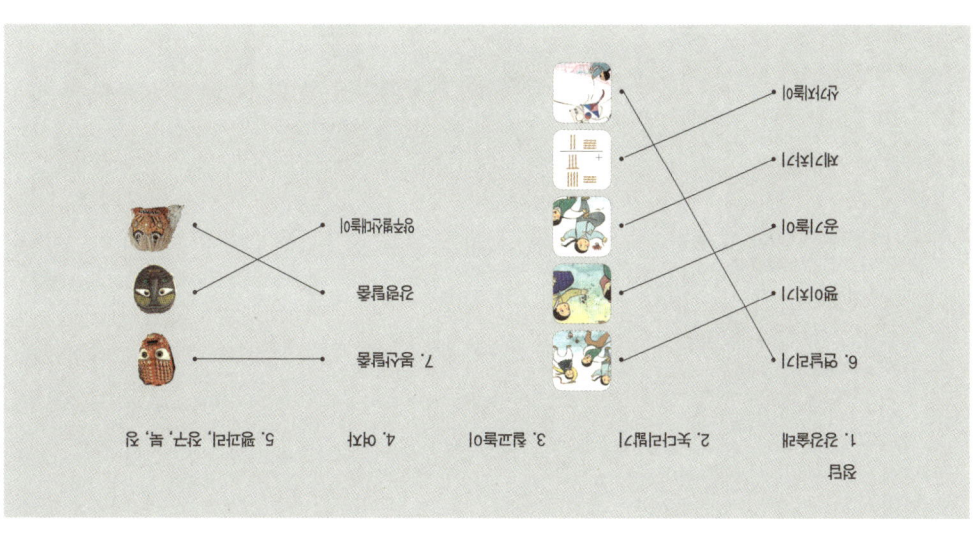

사랑과 정성으로 만든
우리 **옷**
우리 **음식**
우리 **집** 이야기

교과서 속 의식주 이야기
한 땀 한 땀 정성으로 만든 우리 옷
사랑과 정성으로 만든 우리 음식
편안하게 쉴 수 있는 보금자리 우리 집
교과서에서 만나는 민속박물관 여행

마루와 온돌

한옥 바깥에 넓은 나무 바닥인 마루는 더운 여름에 유용해요.

해가 쨍쨍 날 때 마루에 앉으면 바람이 불어 시원하지요.

쿨쿨~ 낮잠을 자기에도 좋고,

바깥 풍경을 보기에도 아주 좋지요.

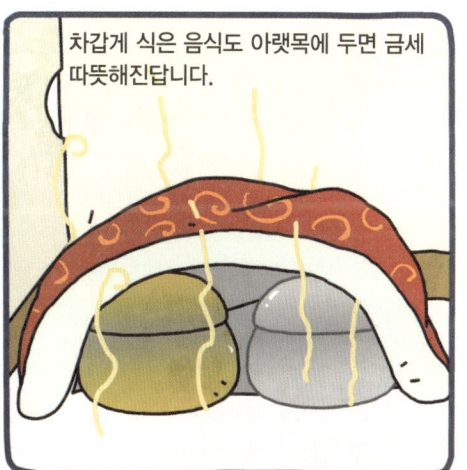

교과서 속 의식주 이야기

우리 생활에서 가장 필요한 것은 무엇일까요? 잘 먹고 잘 사는 것 그것이 가장 중요한 것이 아닐까요? 무엇을 입는지, 무엇을 먹는지, 어디에서 사는지는 우리의 일상에서 가장 중요한 부분입니다. 의식주란 사람이 살아가는데 꼭 필요한 세 가지 요소인 옷, 음식, 집을 말합니다. 의식주가 없다면 사람은 생명을 유지하기 어려워집니다. 만약 옷이 없다면 몸을 보호할 수가 없어요. 음식이 없다면 굶어 죽게 될 지도 모릅니다. 또 집이 없다면 편안하게 쉴 수도 없고 비나 태풍 등 자연재해로부터 몸을 지키기도 어려워질 거에요.
자! 그럼 사랑과 정성으로 만든 우리 옷, 우리 음식, 우리 집 이야기 속으로 들어가 볼까요?

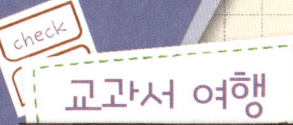

교과서 여행

학년	과목	단원	쪽수	관련 내용
1-1	슬기로운 생활	4. 건강하게 생활해요	52~53	계절 음식(시식, 절식)
1-2	즐거운 생활	3. 함께하는 한가위	44~45	송편
	슬기로운 생활	6. 우리의 겨울맞이	66~69	겨울나기(김장, 연료준비)
2-1	슬기로운 생활	6. 우리 집이 좋아요	68~69	집밖의 모습(한옥)
2-2	국어	6. 하고 싶은 말	98~102	아씨방 일곱 동무
	즐거운 생활	3. 아름다운 우리나라	36~37	한복, 세계 여러 나라 인형 옷 입히기
3-1	사회	3. 고장의 생활과 변화	87~95	전통과 현대적인 의식주 생활변화 (한복과 서양 옷, 한옥, 초가집, 기와집, 명절식)
		3. 고장의 생활과 변화	96~105	생활도구
	국어	2. 아는 것이 힘	27~48	한과(정과, 강정, 엿, 다식, 약과)
3-2	국어	2. 이렇게 하면 돼요	37~40	메주, 된장

이야기 1. 한 땀 한 땀 정성으로 만든 우리 옷

동물들에게는 따뜻한 털과 질긴 가죽이 있어요. 그래서 추위와 다른 동물들로부터 몸을 보호할 수가 있지요. 하지만 사람에게는 동물처럼 몸을 보호해 줄 털이나 가죽이 없기 때문에 다른 무엇인가 필요해요. 그래서 사람들은 다양한 옷감을 이용하여 옷을 만들어 입게 되었답니다. 옛날의 옷은 지금 우리가 사는 시대의 옷과는 많이 달랐지요. 옷감은 어떻게 만들어지고 어떤 옷들을 입었을까요?

베틀

삼나무 껍질 삼베와 모시풀 껍질 모시

삼베는 삼나무 껍질에서 뽑은 삼실로 짜는 옷감이에요. 삼의 속껍질을 가늘게 쪼개서 길게 이은 다음 베틀에서 짰습니다. 질기고 튼튼해서 오랫동안 사람들의 사랑을 받았고, 구멍이 뚫려 있기 때문에 땀을 잘 빨아들여서 주로 여름에 삼베로 옷을 만들어 입었어요.

모시는 모시풀의 줄기 껍질에서 실을 뽑아서 만든 옷감이에요. 삼베는 좀 굵고 거칠어서 서민들이 많이 입었지만, 모시는 곱고 부드러워서 양반들이 많이 입었지요. 삼베와 모시는 주로 여름에 많이 입던 옷의 재료입니다.

누에의 선물 비단(명주)과 목화의 선물 무명

누에는 누에나방의 애벌레예요. 누에는 번데기가 될 때 자기 몸을 보호하기 위해 실을 토해 냅니다. 이 실로 자기 몸을 감싸서 집의 형태인 고치를 만들어요. 이 고치에서 많은 양의 실이 나오는데 이것으로 만든 옷감이 비단(명주)이에요. 무늬를 안 넣고 짜면 명주라고 하고, 무늬를 넣고 짜면 비단이라고 하지요. 이 옷감은 따뜻해서 주로 겨울 옷감으로 사용했어요.

무명은 목화솜에서 뽑은 실로 짠 옷감입니다. 무명은 비싼 비단옷을 입지 못하는 일반 백성들이 여름에는 시원하게 입을 수 있고, 겨울에는 여러 겹을 겹쳐 입어서 따뜻하게 겨울을 보낼 수 있도록 도와준 고마운 옷감이지요. 무명은 이불이나 버선 등을 만들어 사용할 정도로 아주 널리 사용되었어요. 비단은 동물성 옷감이지만 무명은 식물성 옷감이에요.

씨아

물레

무명을 만들어 주는 씨아와 물레

봄에 심어서 가을이 되면 목화는 활짝 핀 목화송이를 만들어요. 목화송이에서 씨를 가려내는 도구를 씨아라고 부릅니다. 목화솜에서 실을 뽑는 도구는 물레라고 해요. 씨아에 목화송이를 넣고 돌리면 씨가 빠져요. 씨를 빼내고 목화솜을 만든 다음, 솜을 막대기로 밀어서 단단한 고치를 만듭니다. 고치를 물레에 연결하고 물레를 돌리면 가는 실이 나오게 되지요. 씨아와 물레를 이용해서 무명을 만들 수가 있어요.

면 100%의 비밀

무명은 고려 시대 이후부터 지금까지 많은 사람들의 사랑을 받고 있는 옷감이에요. 땀과 물을 잘 흡수하고 공기도 잘 통하기 때문에 현대에도 옷을 만들어 입어요. 우리가 일상생활에서 면이라고 부르는 것이 바로 무명이에요. 여러분이 입고 있는 속옷에서부터 겉옷까지 자세히 보면 면100%라고 쓰인 것들이 많지요? 그리고 매일 덮고 자는 이불을 보세요. 면으로 만들어진 것들이 많아요.

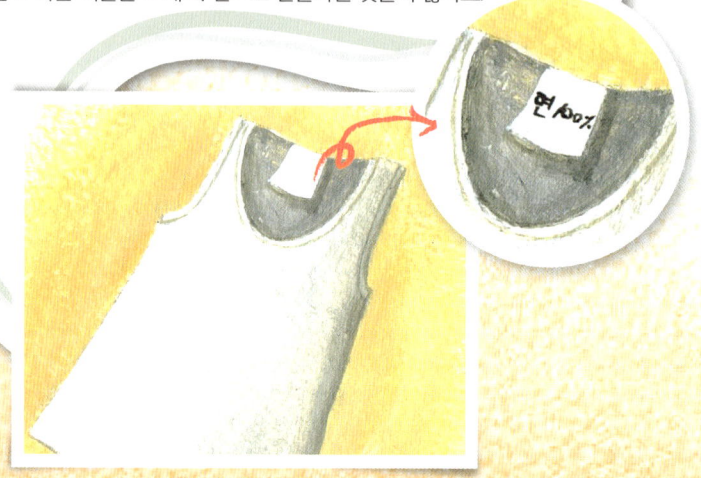

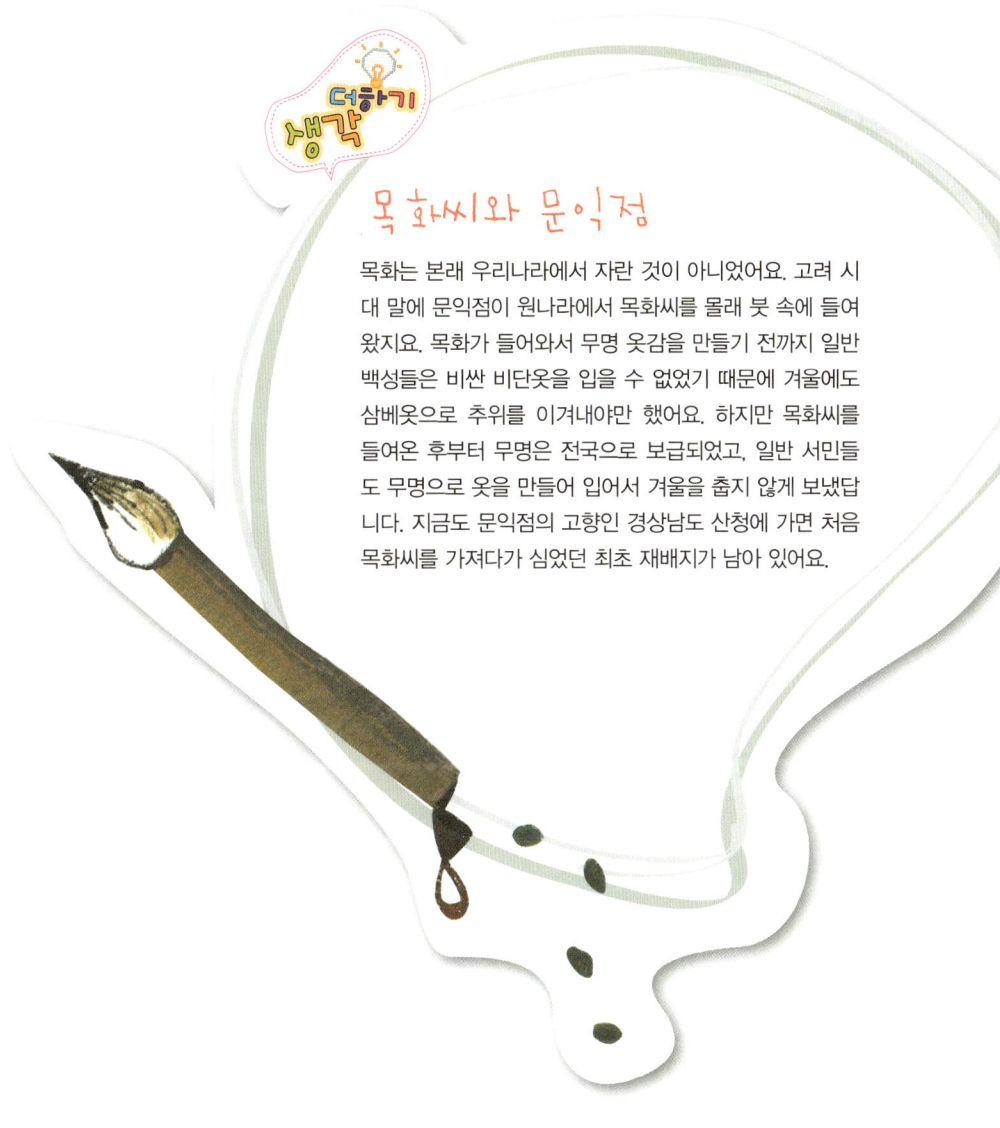

목화씨와 문익점

목화는 본래 우리나라에서 자란 것이 아니었어요. 고려 시대 말에 문익점이 원나라에서 목화씨를 몰래 붓 속에 들여왔지요. 목화가 들어와서 무명 옷감을 만들기 전까지 일반 백성들은 비싼 비단옷을 입을 수 없었기 때문에 겨울에도 삼베옷으로 추위를 이겨내야만 했어요. 하지만 목화씨를 들여온 후부터 무명은 전국으로 보급되었고, 일반 서민들도 무명으로 옷을 만들어 입어서 겨울을 춥지 않게 보냈답니다. 지금도 문익점의 고향인 경상남도 산청에 가면 처음 목화씨를 가져다가 심었던 최초 재배지가 남아 있어요.

자연을 닮은 색 우리 옷, 한복

예로부터 전해오는 우리 민족 고유의 옷을 한복이라고 해요. 물감이 없던 옛날에는 꽃이나 열매, 풀 등에서 색깔을 얻었어요. 특히 빨강, 노랑, 파랑, 검정 그리고 흰색을 가장 좋아했지요. 쪽풀에서 쪽빛이라 부르는 파란색, 잇꽃에서는 빨간색, 치자에서는 노란색을 얻었어요. 자연의 풀과 꽃, 열매 등에서 얻은 자연의 색으로 염색한 옷감으로 우리 옷 한복의 아름다움을 뽐낼 수 있었지요.

남자와 여자의 한복

남자와 여자의 한복은 매우 달랐어요. 남자들은 저고리, 바지, 조끼, 마고자를 입고 도포 또는 두루마기를 그 위에 입었지요. 여자들은 치마와 저고리를 입고 그 위에 두루마기를 입었어요. 삼국 시대에는 남자와 여자 모두 엉덩이 아래까지 내려오는 긴 저고리를 입었는데, 조선 시대에 들어오면서 저고리가 짧아지고 띠 대신 고름으로 묶었어요. 두루마기는 소매가 아주 넓은 도포와는 달리 두루 막혀 있다고 해서 두루마기라고 불렀대요. 조선 시대에 여자들이 외출을 할 경우에는 얼굴을 가리는 쓰개치마나 장옷을 머리에 쓰고 나갔어요.

생각 더하기

남자들이 입는 포를 보고 신분을 알 수 있었어요

남자들이 입는 저고리 위에 입는 겉옷인 포를 보고 신분을 알 수 있었어요. 포에는 도포, 창옷, 두루마기가 있어요. 도포와 창옷은 주로 양반 남자들이 입었는데 두루마기는 일반 상민들이 입었지요. 하지만 신분 제도가 점차 사라지면서 누구나 두루마기를 입게 되었어요.

시대별 달라지는 우리 한복

우리 조상들이 입었던 한복은 시대별로 매우 다른 모양과 다른 형태를 가지고 있어요. 고구려, 백제, 신라 삼국도 각각 다른 형태의 한복을 입었어요. 삼국 시대 한복은 저고리가 길었는데 고려 시대에는 좀더 짧아졌고 조선 시대에는 매우 짧아졌어요.

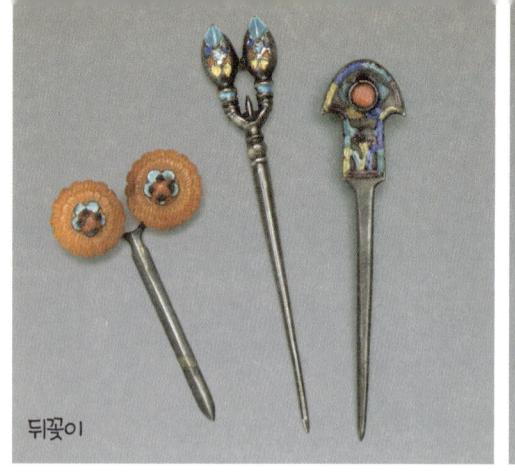
뒤꽂이

댕기와 떨잠

화사하게 꾸며 주는 장신구

옛날 사람들은 여러 가지 장신구로 꾸며서 옷차림을 화사하게 했어요. 노리개가 대표적인 것인데요. 특히 조선 시대 여자들의 대표적인 장신구였어요. 은이나 산호, 옥과 같은 보석이나 곱게 수놓은 장신구를 옷고름에 달아서 장식을 했지요. 또 결혼하지 않은 여자는 빨간 댕기를 남자는 검은 댕기를 드렸어요. 결혼을 하면 여자들은 여러 가지 보석으로 만든 비녀를 꽂고 남자들은 동곳으로 상투를 튼 머리를 고정했지요. 여자들은 뒤꽂이라는것을 쪽을진 머리 뒤에 꽂아 머리를 예쁘게 장식하기도 했어요.

생각 더하기

가체

조선 시대 후기에는 가발로 큰 머리 모양을 만들어서 쓰는 가체가 있었어요. 드라마나 사극에 보면 여자들이 머리에 땋은 머리 형태를 크게 만들어서 쓰고 있는데 그것이 가체예요. 가체는 온갖 화려하고 비싼 장신구로 장식을 했어요. 왕비나 양반들은 가체 위에 칠보나 진주로 만든 떨잠을 꽂기도 했어요.

아씨방 일곱 동무

옷감을 가지고 옷을 만들려면 바느질을 해야 해요. 바느질을 할 때는 여러 가지 도구가 필요하죠. 가위, 바늘, 실, 골무, 인두, 다리미가 바느질을 할 때 필요한 일곱 동무예요. 『규중칠우쟁론기』라는 옛날이야기에 보면 바느질을 좋아하는 아씨의 일곱 친구들이 서로 자기가 제일 중요하다고 뽐내다가 결국 모두가 함께 소중하다는 것을 깨닫게 된다는 이야기가 전해져 오고 있어요. 함께 살아가는 세상에서 각자 주어진 역할이 따로 있지만 어느 것 하나 소중하지 않은 것이 없다는 것을 전해 주는 이야기입니다.

세계 여러 나라의 전통 의상

세계는 200개가 넘는 나라들이 있고, 70억 명에 달하는 사람들이 살고 있어요. 기후나 종교 등에 따라 각각 다른 옷을 입고 살아요. 현대의 옷들은 많이 비슷해졌지만 전통의상은 각 나라별로 다르답니다. 우리나라는 한복이 있고요. 아시아의 일본은 기모노, 베트남은 아오자이, 중국은 치파오, 인도네시아는 카인판장이 있어요. 또 멕시코의 판초, 과테말라의 우이필 등 나라별로 각기 다른 전통의상들이 있어요.

일본 기모노
베트남 아오자이
중국 치파오
멕시코 판쵸

우리 옷, 우리 음식, 우리 집 이야기 | 97

사랑과 정성으로 만든 우리 음식

이야기 2

우리는 하루 세 끼 식사를 합니다. 만약 먹을 것이 없다면? 그 이후는 상상하기도 싫죠? 옛날에는 자연에서 먹을 것을 구했어요. 동물을 사냥하고 물고기를 잡고 나무에서 열매를 따서 먹었지요. 사람들은 더 많은 음식들을 먹기 위해 농사를 짓고 가축을 기르기 시작했어요. 불을 사용하면서 음식을 맛있게 먹을 수도 있게 되었지요. 예전에는 살기 위해 음식을 먹었지만 요즘은 건강한 삶을 위해 더 좋은 음식들을 먹게 되었어요. 명절이 되면 그 날의 독특한 음식들을 해먹기도 했고요. 우리 전통의 된장, 간장, 고추장을 만들어 먹기도 했지요.

자연에서 찾은 음식

먼 옛날 사람들은 나무 열매를 따 먹거나 물고기, 짐승을 잡아먹었어요. 신석기 시대부터 사람들은 모여 살면서 농사를 짓기 시작했어요. 또 불을 사용하기 시작하면서 빗살무늬토기를 만들어 음식을 담고 끓여 먹기 시작했지요. 곡식이나 음식도 토기에 담아 오랫동안 저장할 수 있었어요.

빗살무늬가 있는 빗살무늬토기

서울 암사동 신석기 주거지에서 나온 신석기 시대의 대표적인 토기예요. 겉에 비스듬히 줄이 그어져 있어서 빗살무늬토기라고 불러요.

밥이 보약

우리나라 사람들은 하루 세 끼 식사를 합니다. 일반적으로 밥과 국, 반찬을 먹지요. 우리가 먹는 밥과 국은 언제부터 먹기 시작했을까요? 밥과 국을 먹기 시작한 것은 고려 시대부터라고 해요. 이처럼 밥과 반찬이 발달한 이유는 우리나라 사람들이 논농사와 밭농사를 지으며 살았기 때문이래요. '밥이 보약'이라는 속담이 있어요. 옛날 가마솥에서 지어먹었던 밥은 윤기가 흐르고 구수한 맛이 나서 더욱 맛있어요. 반찬을 만들 때는 볶기도 하고 굽기도 하며 조리거나 무치기도 하면서 다양한 조리법으로 만들어 먹었답니다.

부족한 영양분을 보충해 주는 국물요리

밥과 함께 먹는 국은 밥의 부족한 영양분을 보충해 주는 역할을 했어요. 밥을 국에 말아서 먹기도 했는데 따뜻한 국물은 겨울철의 추위도 녹여주었지요. 국을 먹어야 밥을 배부르게 먹은 것처럼 느끼는 것은 국이 밥의 부족한 영양분을 보충해 주기 때문이래요. 국물보다 물을 조금 적게 넣어서 끓인 것은 찌개라고 불렀어요. 국물을 먹어야 했기 때문에 우리나라는 젓가락과 함께 숟가락을 사용했어요.

음식 맛은 장맛

'음식 맛은 장맛'이라는 속담이 있어요. 간장, 된장 고추장과 같은 장이 음식의 맛을 결정해 준다는 뜻이에요. 우리 민족은 국을 끓이거나 나물을 무칠 때 장으로 맛을 냈어요. 장맛이 바뀌면 집안에 좋지 않은 일이 생긴다고 해서 장을 담글 때부터 장맛을 지키기 위해 노력을 했어요. 그래서 햇빛이 잘 들고 바람이 잘 통하는 장독대를 만들어서 매일매일 소중하게 관리했어요. 장독에 금줄이나 흰 종이로 만들어 버선을 거꾸로 붙여 놓으면 귀신들을 막을 수 있다고 생각했지요.

생각 더하기
장독에 버선을 거꾸로 붙이는 이유

장을 담가 놓은 장독(항아리)에는 나쁜 것들로부터의 침입을 막기 위해 금줄을 쳐요. 그리고 하얀 종이로 버선을 만들어서 거꾸로 붙여 놓아요. 버선을 붙이는 건 장맛을 보호하기 위해서예요. 버선은 땅을 밟고 다니는 것이어서 귀신은 버선에 밟힐까 무서워한대요. 그래서 장독에 버선이 거꾸로 붙어 있으면 귀신이 가까이 가지 못한다고 해요.

살아 숨 쉬는 그릇, 옹기

장을 담고 나면 그것을 보관하는 일도 매우 중요하게 생각했어요. 장맛을 지키기 위해 옹기라는 그릇에 담아 두었지요. 옹기는 진흙으로 빚어서 구워 만든 그릇이에요. 옹기에는 우리 눈에 보이지는 않지만 아주 작은 구멍들이 뚫려 있다고 해요. 이 구멍을 통해 옹기가 숨을 쉴 수 있어서 오래 저장해 두어도 음식이 상하지 않는다고 해요. 그래서 사람들은 옹기를 숨 쉬는 그릇이라고 불러요. 김장을 한 후에 옹기에 김치를 보관하기도 했어요.

콩으로 만든 마법의 발효식품, 전통 장

된장, 간장, 고추장은 모두 콩으로 만든 발효 식품이에요. 콩을 삶아서 예쁘게 메주를 빚어서 처마에 매달아 말렸지요. 메주에 곰팡이가 피기 시작하면 좀 더 따뜻하게 해주면서 발효를 시켜요. 이때 메주에 있는 곰팡이는 누룩곰팡이인데, 나쁜 곰팡이가 아니라 장맛을 좋게 해주고 영양을 높여주는 곰팡이랍니다. 잘 익은 메주를 씻어서 말린 후 항아리에 넣고 소금물을 붓고 숯과 고추를 넣어 두어요. 장을 담근 지 40일 정도가 지나면 소금물이 까맣게 되는데 그 물을 걸러낸 것이 간장이에요. 그리고 항아리에 남아 있는 메주를 으깨어 소금을 넣고 한 달쯤 두면 된장이 되지요. 간장이나 된장처럼 메주로 고추장을 만들기도 하는데, 보통은 찹쌀가루, 보릿가루, 밀가루 등에 고춧가루와 메줏가루, 소금을 넣어서 만들어요.

떡국 한 그릇은 나이 한 살

우리나라 사람들은 계절마다 다양한 풍속을 즐기면서 맛있는 음식을 만들어 먹었어요. 한 해의 시작을 알리는 설날에는 떡국으로 차례를 지내기도 하고 떡국을 먹으면 나이를 한 살 더 먹는다고 생각했지요. 긴 가래떡을 둥글게 썰어서 국을 끓여 먹는데 둥근 모양은 하늘의 태양을 의미하기도 하고 동전을 의미하기도 해요.

정월 대보름의 오곡밥과 약밥

정월 대보름에는 다섯 가지 곡식으로 지은 오곡밥을 먹었는데요. 찹쌀, 기장, 찰수수, 검정콩, 팥 등이나 지역마다 달라요. 오곡밥 대신 약밥을 먹기도 했어요. 약밥은 찹쌀을 쪄서 거기에 밤, 대추, 잣을 넣고 찐 밥이에요.

송편을 찔 때는 솔잎을 넣어요

추석이 되면 햇곡식으로 송편을 만들어 차례를 지냅니다. 송편은 푸른 솔잎을 깔고 쪄서 먹는 떡이에요. 송편을 찔 때 솔잎을 넣는 것은 늘 푸른 소나무의 정기를 받아 건강하기를 기원하는 의미가 있었다고 해요. 또 솔잎에서 나오는 많은 피톤치드가 건강에 좋기 때문이라는 뜻도 있어요. 또 솔잎이 음식이 상하는 것을 방지해 주기 때문에 솔잎을 넣고 송편을 찐다고 해요.

수레바퀴 모양의 수리취떡

음력 5월 5일 단오가 되면 수리취의 잎을 넣어서 만들어 수레바퀴 모양의 떡살로 찍어 내는 수리취떡을 먹어요. 단옷날 수레바퀴처럼 생긴 수리취떡을 먹기 때문에 단오를 수릿날이라고도 불러요. 둥근 수레바퀴처럼 농사일도 잘 굴러가라는 뜻이 담겨 있어요.

특별한 날 특별한 음식, 쫄깃쫄깃 우리 떡

우리 조상들은 명절뿐만 아니라 특별한 날이 되면 떡을 만들어 먹었어요. 그래서 떡의 종류도 매우 다양하지요. 설날 가래떡을 해먹기도 하고 단오에 수리취떡을 해먹기도 했어요. 또 붉은 색이 나쁜 것을 물리친다고 생각해서 동지 때 동지팥죽과 함께 팥떡을 해 먹기도 했지요. 백일이 되면 백설기와 수수경단도 해먹었어요. 인절미나 부꾸미처럼 기름에 지져먹는 떡도 있어요. 가루로 만든 곡식을 시루에 쪄서 절구에서 친 다음 고물을 묻힌 인절미도 있어요. 떡살의 다양한 모양을 찍어내서 먹는 떡도 있지요.

여러 가지 모양의 떡살

달콤한 우리 음료, 식혜와 수정과

식혜와 수정과는 설날의 전통 음식이에요. 하지만 평소에도 즐겨 마신 음료예요. 식혜는 찹쌀과 엿기름을 삭힌 다음 끓여서 만들어요. 엿기름은 보리에 물을 부어서 싹이 트게 한 다음 말린 것인데 식혜의 단맛을 내주어요. 식혜를 감주라고도 해요. 수정과는 생강과 계피를 넣어 달인 물에 꿀이나 설탕을 넣고 다시 끓여서 만들어요. 은은한 계피 향과 톡 쏘는 생강 맛이 잘 어울려 입맛을 사로잡아 줍니다.

식혜

한과

우리의 전통 과자, 한과

우리나라 전통 과자를 한과라고 해요. 한과는 명절이나 잔치가 있을 때 빠지지 않는 음식이었어요. 한과에는 다식, 약과, 엿, 강정 등이 있어요. 다식은 쌀이나 깨, 밤, 콩 등을 가루로 만들어 꿀로 반죽하여 다식판에 찍어 만들어요. 다식의 모양으로는 새나 꽃, 물고기, 복이라는 글자를 찍어서 예쁜 모양을 만들었어요. 약과는 참기름과 꿀로 반죽해서 약과 판에 찍어 낸 다음 기름에 튀겨서 만들었어요. 강정은 약과나 다식과 함께 잔칫상과 제사상에 오르던 과자예요. 찹쌀 반죽을 말렸다가 기름에 튀긴 후에 꿀과 고물을 묻혀서 만들어요. 고물의 재료에 따라 콩강정, 깨강정 등으로 불렀어요. 엿을 만들기 위해서는 곡식으로 밥을 지어서 엿기름을 넣어 삭힌 뒤에 은근한 불로 계속 끓여야 해요. 밥이 물처럼 되면 물을 짜내고 다시 끓이면 되어요. 뜨거울 때 다양한 모양으로 만들었다가 식힌 후에 먹으면 달콤한 엿이 된답니다.

> 이야기 3

편안하게 쉴 수 있는 보금자리 우리 집

새들이 다른 동물의 위협으로부터 보호 받고 편안하게 알을 품을 수 있는 공간을 보금자리 또는 둥지라고 해요. 사람들은 하루의 고단함을 씻어주고 편안하게 쉴 수 있는 보금자리가 필요했어요. 물론 추위나 비바람과 같은 자연재해나 무서운 맹수들로부터 가족을 보호할 필요도 있었지요. 그래서 사람들은 집을 짓고 살게 되었어요. 처음에는 자연에서 재료를 얻어서 집을 지었지만 요즘에는 다양한 재료들을 이용해서 집을 짓고 있어요. 옛날의 집 모양은 오늘날과 많이 달랐지요. 지역별로도 그 지역의 자연현상으로 인해 다른 형태의 집들이 있었답니다.

먼 옛날의 집, 동굴과 움집

아주 먼 옛날 사람들은 사냥을 하면서 살았어요. 그때는 바위틈이나 동굴에서 더위와 추위, 그리고 무서운 동물들을 피해서 잠을 자고 생활을 했지요. 그러다 불을 사용하기 시작하면서 땅을 파고 풀로 덮어 만든 움집을 짓고 살았어요. 움집은 눈이나 비를 피하기도 좋고 바람에도 무너지지 않아서 좋았어요. 그 속에서 불을 피우고 음식을 해먹을 수도 있었지요.

여름에는 시원하고 겨울에는 따뜻한 초가집

땅속에 지은 움집은 추위와 더위는 막아 주었지만 땅을 파고 집을 지었기 때문에 땅에서 습기가 많이 올라오고 창문이 없어서 햇빛이 잘 들지 않았어요. 그래서 땅 위에 벽을 세우고 기둥을 만들고 지붕을 만들어 땅 위에 집을 지었어요. 지붕을 풀이나 짚으로 덮고 창문을 만들어 바람과 햇빛이 잘 들도록 초가집을 짓고 살기 시작했어요. 짚은 여름에는 시원하게 해 주고 겨울에는 따뜻한 기운이 밖으로 나가는 것을 막아 주었어요.

아름다운 지붕 곡선을 가진 기와집

여름과 겨울을 잘 지낼 수 있는 초가집이지만 짚으로 지붕을 만들었기 때문에 벌레가 생기기도 하고 짚이 썩기도 해서 일 년에 한 번씩 지붕을 다시 올려야 하는 불편함이 있었어요. 그래서 짚의 불편함을 제거할 수 있도록 흙을 빚어서 불에 구워 만든 기와를 이용해서 집을 만들었어요. 기와를 한 장 한 장 포개어 지붕을 얹으면 모양도 아름답고 비바람에도 잘 견딜 수 있어요. 기와집은 초가집에 비해 훨씬 크고 집 안의 구조도 복잡했어요. 안채, 사랑채, 행랑채, 별채, 부엌, 곳간, 뒷간 등 여러 채의 건물들이 있지요.

생각 더하기

신분에 따라 사는 집이 달라요

조선 시대는 엄격한 신분제도가 있었어요. 그래서 신분에 따라 사는 집도 달랐지요. 농사를 짓는 일반 백성들은 대부분 초가집에서 살았어요. 양반들은 크고 화려하게 기와집을 지어 권위를 뽐냈어요. 대문은 높이 솟고 기와지붕은 곡선을 그리며 예쁜 곡선으로 모양을 내었지요. 기와집의 높은 대문을 솟을대문이라고 해요. 기와를 얹은 대문을 말해요. 기와집의 지붕보다 높아서 말을 타거나 가마를 타고도 그냥 지나갈 수 있을 정도로 높았어요.

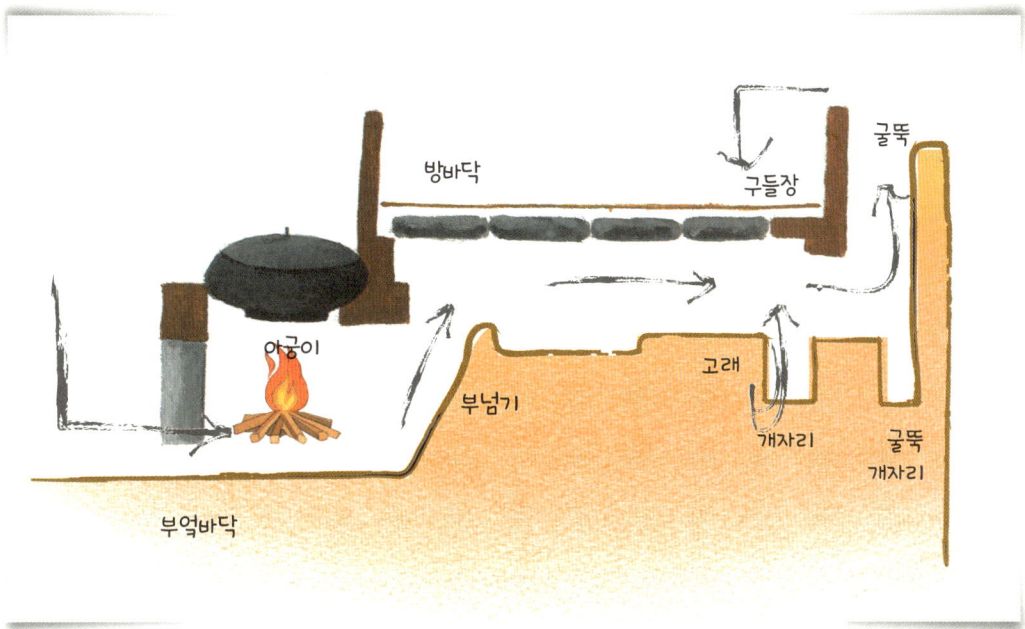

따뜻한 아랫목을 만들어 주는 온돌

초가집과 기와집에는 겨울 추위에도 끄떡없이 지낼 수 있는 온돌이 있어요. 온돌은 우리나라에만 있답니다. 온돌은 아주 오랜 세월을 거치며 만들어진 발명품이에요. 방에 넓적한 큰 돌을 놓고 흙으로 덮은 후에 아궁이에 불을 때어 방바닥을 따뜻하게 하는 것이 온돌이에요. 아궁이 반대쪽에는 연기가 나가도록 굴뚝을 만들지요. 아궁이와 가장 가까운 아랫목은 방에서 가장 따뜻한 자리예요. 온돌은 추위를 이겨내기 위한 우리 민족만의 위대한 발명품이에요.

솟을대문과 사립문

기와집을 보면 대문이 담보다 더 높게 지어진 것을 볼 수가 있어요. 이것을 솟을대문이라고 해요. 가마나 말이 집 안으로 자유롭게 드나들 수 있도록 높게 지은 거예요. 양반들의 권위를 나타내주기도 했어요. 하지만 일반 백성들이 사는 초가집에는 나뭇가지를 엮어서 만든 문이 있어요. 사립문이라고 해요. 솟을대문과 사립문은 모두 안쪽으로 문이 열리도록 해야 해요. 그래야 집안으로 복이 들어온다고 해요.

지역마다 집의 모양이 달라요

우리나라는 북부지방과 중부지방, 남부지방으로 크게 나눌 수가 있어요. 지방마다 기후가 다르기 때문에 집의 모양도 달라요. 또 주위에서 쉽게 얻을 수 있는 재료로 집을 짓고 살았기 때문에 집을 짓는 재료도 다르지요. 벼농사를 많이 짓는 지역에서는 초가집이 많고 깊은 산속에 사는 사람들은 너와집이나 굴피집을 짓고 살았어요. 기후의 영향 때문에 북부지방에서는 ㄷ자나 ㅁ자 모양의 집을 짓고 살았고, 중부지방에서는 ㄱ자 모양, 남부지방은 一자 모양의 집을 짓고 살았어요. 북부지방은 겨울에 춥기 때문에 방들이 빙 둘러서 추위를 막았어요. 남부지방은 무더운 여름을 견디기 위해 바람이 잘 통하도록 한 줄로 집을 짓고 살았어요.

강원도의 너와집과 굴피집

너와는 나무를 넓적하게 자른 널로 만든 기와라는 뜻이에요. 너와는 붉은 소나무를 기와처럼 쪼개 만든 작은 널판이에요. 볏짚을 구할 수 없는 강원도 산간 마을에서 많이 짓고 살았어요. 굴피집은 참나무의 두꺼운 껍질인 굴피로 지붕을 덮은 집이에요. 굴피는 탄력이 좋아서 날이 건조하면 바짝 오그라들어 틈새로 바람이 잘 통하고 비가 많이 내리면 늘어나서 비가 새지 않는 실용적인 재료였어요.

울릉도의 투막집과 제주도의 샛집

울릉도는 겨울에 눈이 많이 내리는 곳이에요. 그래서 눈이 집 안으로 들어오는 것을 막기 위해 우데기로 벽을 둘러놓았어요. 우데기는 너와집의 처마를 따라 안쪽에 여러 개의 기둥을 세우고 갈대나 판자 등으로 막은 것을 말해요. 지붕은 억새로 촘촘히 이은 투막집을 지었어요. 제주도는 우리나라의 가장 남쪽에 있는데 바람이 많이 부는 곳이에요. 그래서 억새풀의 종류인 새를 얹어 만든 지붕에 새끼줄로 엮은 끈을 그물처럼 촘촘히 묶어 두었어요. 그리고 묵직한 돌을 매달아서 지붕이 바람에 날아가지 않도록 했어요. 이렇게 지은 제주도의 집을 샛집이라고 해요.

생각 더하기: 제주도에는 대문이 없어요

제주도에는 대문이 따로 없었어요. 대신 집에 주인이 있고 없음을 알리기 위해 정낭을 집 앞에 두었어요. 정낭은 마당으로 들어가는 입구에 기둥을 세우고 세 개의 막대를 나란히 걸쳐 놓은 것이에요. 돌에 나무 막대가 한 개 걸리면 주인이 가까운 곳에 외출한 것이고, 두 개 걸리면 멀리 외출한 것이에요. 세 개가 걸리면 밤이 되어야 돌아온다는 뜻이고, 하나도 걸려 있지 않으면 집에 주인이 있다는 뜻이랍니다.

주인 있음

모양이 다르네? 무슨 의미이지?

가까운 곳 외출중

멀리 외출중

밤이 되어야 돌아옴

교과서에서 만나는 민속박물관 여행

국립민속박물관 제2전시관 **한국인의 일상관**에서는 우리 민족의 생활상을 엿볼 수 있습니다. 어떤 옷감으로 옷을 해 입었고 어떤 그릇을 이용하여 음식을 먹었는지, 어떤 집에서 생활했는지를 알 수 있어요. 봄, 여름, 가을, 겨울 사계절 동안의 생활상을 통해 한국 문화의 전통을 살펴볼 수 있을 거예요.

1 옷감을 만들 때 사용하는 도구들과 사진을 연결해 보세요.

물레 •

씨아 •

베틀 •

2 조선 시대 남자의 한복 중에서 외출할 때 입었던 겉옷으로 두루 막혀 있다는 의미를 가진 옷은 무엇일까요?

(   )

3 조선 시대 여자의 한복 중에서 외출할 때 머리에 쓰고 얼굴을 가리던 겉옷은 무엇일까요?

( )

4 명절에 먹는 음식으로 <u>잘못된 것</u>을 찾아 보세요.

 — 떡국 — 설날

 — 송편 — 추석

 — 수리취떡 — 단오

 — 떡밥 — 정월대보름

5  떡을 만들 때 예쁜 모양으로 찍어내는 도구를 무엇이라고 했을까요?

( )

6  장을 담가서 보관하기도 하고 김치를 담가서 보관하기도 했던 그릇이에요. 아주 작은 구멍들이 뚫려 있어서 살아 숨 쉬는 그릇이라 불렀던 것으로 진흙으로 빚어서 구워 만든 그릇을 무엇이라고 할까요?

(   )

7 집이 발전한 모양을 순서대로 표시해 보세요.

① 초가집

② 기와집

③ 움집

④ 동굴

(   ) – (   ) – (   ) – (   )

8 한옥에 있는 것으로 겨울의 추위를 이겨낼 수 있도록 방바닥을 따뜻하게 하는 것입니다. 무엇일까요?

(   )

9 집 안의 땅바닥보다 높게 널빤지를 깔아 놓아서 더운 여름을 시원하게 보낼 수 있는 장소입니다. 한옥에서 볼 수 있는 것으로 앞이 트이고 뒤에는 문이 있기 때문에 늘 선선함을 유지할 수 있는 이곳은 어디일까요?

(   )

10 예쁜 떡살 문양을 만들어보세요.

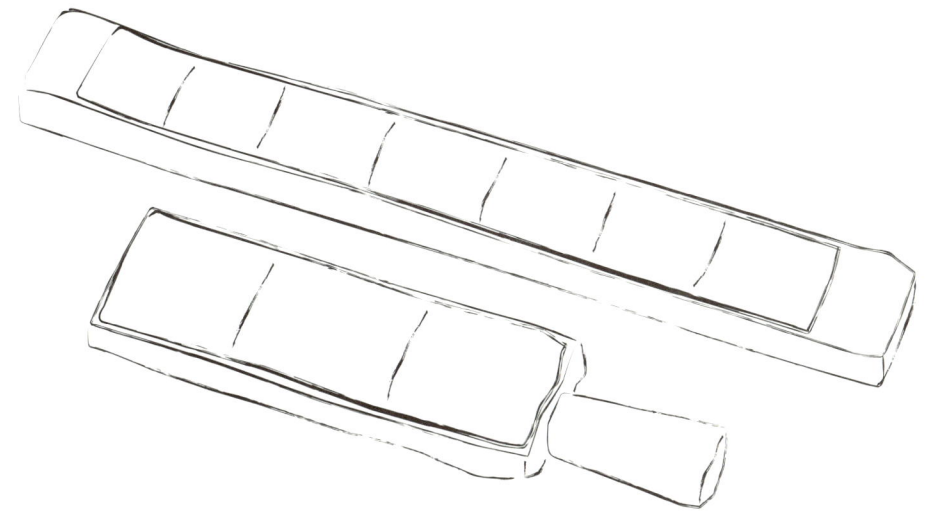

처음 만나는 세상과
하늘로 돌아가는
일생의례 이야기

교과서 속 일생의례 이야기
세상과 만나는 의례, 기자의례와 출생의례
남자와 여자가 하나 되는 의례, 혼례
하늘로 돌아가는 의례, 장례
돌아가신 부모님에게 하는 효도, 제례
마을의 공동 제사, 동제
교과서에서 만나는 민속박물관 여행

아들의 경우에는 금줄에 고추와 숯을 각각 세 개씩, 딸의 경우 숯과 솔가지를 세 개씩 끼웠습니다. 약한 아기와 산모를 보호하기 위해서 21일 동안 금줄을 쳤습니다.

교과서 속 일생의례 이야기

사람은 태어나면서 세상과 처음 만나게 됩니다. 세상에 태어난 아기는 백일과 돌을 지내고 자라면서 관례와 계례라는 성인식을 치르게 됩니다. 성인이 되고 사랑하는 사람을 만나 혼례를 올리고, 사람이 세상을 떠나 하늘로 돌아갈 때는 장례를 치르게 됩니다. 세상을 떠난 뒤에는 후손들이 제사를 지내줍니다. 이렇듯 사람이 세상에 태어나면서 하늘로 돌아가기까지 우리가 겪는 인생 이야기가 바로 일생동안 지나야 하는 통과의례로 일생의례라고 합니다.

자! 그럼 처음 만나는 세상에서 하늘로 돌아가기까지의 일생의례 이야기 속으로 들어가 볼까요?

check

교과서 여행

학년	과목	단원	쪽수	관련 내용
1-1	슬기로운 생활	3. 가족은 소중해요	38~39	다양한 가족들(출생)
3-2	사회	3. 다양한 삶의 모습	94~103	돌, 결혼, 장례, 제례, 마을제사, 산신제, 풍어제, 은산별신제

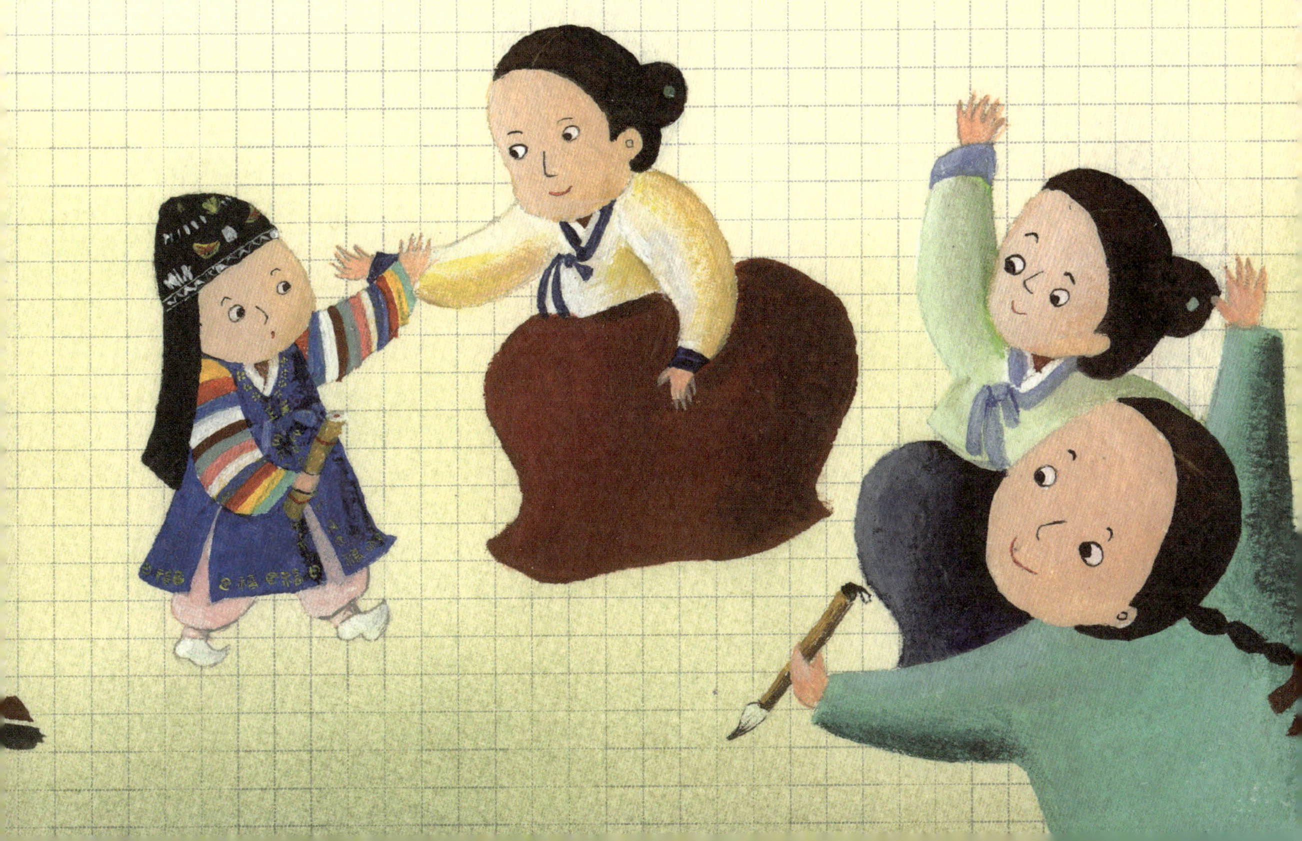

세상과 만나는 의례, 기자의례와 출생의례

이야기 1

아기가 세상에 나오기 전부터 지내는 맨 처음 의례, 기자의례

우리 조상들은 자식이 태어나기 전부터 자식을 얻기 위해 빌었어요. 기자라고 하는 것은 자식을 낳게 해 달라고 빈다는 뜻이에요. 특히 결혼 후에도 자식이 없을 경우에는 기자의례를 지냈지요. 절에 가서 부처님께 빌기도 했고, 큰 나무나 바위 등 자연물에 정성을 드리기도 했어요. 아기가 태어나기 전부터 어머니들은 이처럼 여러 가지 의례를 지내면서 아기와 만나기를 간절히 바랐어요.

딸일까 아들일까 꿈으로 알려주는 태몽

아기를 갖기 전에 꾸는 꿈을 태몽이라고 해요. 임신을 했을 때 임신부가 꾸기도 하고 집안 사람들이 꾸기도 합니다. 옛사람들은 태몽으로 뱃속의 아이가 아들인지 딸인지 구별을 했어요. 주로 용, 왕자, 구렁이, 호박, 고추 등의 꿈은 아들이라고 생각했고, 별, 꽃, 뱀, 애호박 등의 꿈은 딸이라고 생각했어요. 현대 과학으로는 설명할 수 없지만 옛날 우리 조상들은 태몽으로 아이들의 미래까지 점을 쳐 보기도 했어요.

뱃속에 있는 태아 교육, 태교

임신부는 아기를 가졌을 때부터 아기를 낳을 때까지 몸과 마음, 음식, 행동, 말 등을 조심해야 해요. 태아에게 좋은 영향을 주기 위해서인데 이렇듯 좋은 생각을 하고 좋은 말을 하고 나쁜 음식은 가려서 먹는 것 등을 태교라고 해요. 특히 오리고기를 먹으면 손가락 발가락이 오리와 비슷해진다거나, 닭고기를 먹으면 피부가 닭살이 된다는 말이 있어서 음식을 많이 가려서 먹기도 했어요. 이것도 과학적으로 설명하기 어려운 부분이지만 모든 면에서 조심하라는 의미가 담겨 있어요.

삼신상

태실

아기가 태어났어요!

아기를 낳기 며칠 전부터 방(산실)에 깨끗한 짚을 깔고 윗목에 삼신상을 차려요. 삼신상에는 쌀, 정화수, 미역을 올리는데 아기를 점지해 주신 삼신할머니에게 감사드리며 올리는 상이에요. 삼신상에 놓인 쌀과 미역으로 산모가 국밥을 끓여 먹으면 좋다고 합니다. 아기가 태어나려고 하면 나쁜 귀신이나 낯선 사람이 함부로 들어오지 못하도록 대문에 금줄을 쳐요. 힘든 진통 끝에 아기가 태어나면 탯줄을 잘라요. 탯줄은 작은 단지에 묻기도 하고 태우기도 합니다. 세상과 처음 만나는 아기는 따뜻한 물로 깨끗이 씻겨 주었어요.

생각 더하기

배냇저고리에는 단추가 없다?

아기가 태어나서 처음 입는 옷은 배냇저고리라고 해요. 배내옷에는 단추를 달지 않아요. 대신 긴 끈을 달아서 가슴에서 한 바퀴 돌려 입도록 만들었지요. 단추 대신 긴 끈을 다는 이유는 아기가 오래 살기를 바라는 마음 때문이에요.

금줄에 담긴 의미는?

금줄은 지푸라기를 꼬아서 만든 새끼줄인데 반드시 왼쪽으로 꼬아서 만들었어요. 보통 오른쪽으로 꼬아서 만든 것과 달리 신성하다고 생각했기 때문이에요. 금줄을 보면 아들인지 딸인지 알 수가 있었어요. 아들의 경우에는 금줄에 고추, 숯을 각각 세 개씩 끼우고 딸의 경우에는 숯과 솔가지를 세 개씩 끼웠어요. 이렇게 금줄을 치는 이유는 허약해진 산모와 아기를 전염병과 세균으로부터 보호하기 위해서였어요. 보통 삼칠일이라고 하여 21일 동안 금줄을 칩니다. 이 기간동안 외부사람들은 출입하지 않았다고 합니다.

태어난 지 100일 째 되는 날, 백일

아기가 태어난 지 100일이 되면 백일잔치를 열어 주어서 아기가 무사히 자란 것을 축하해 줍니다. 예전에는 아기들의 사망률이 높아서 100일을 넘기기가 어려웠기 때문에 무사히 잘 자라 준 것을 기념하는 날이에요. 이날 아침에는 삼신상을 차려서 아기를 보내주신 삼신할머니에게 아기의 건강과 복을 빌었어요. 그리고 백설기를 만들어 많은 사람들과 나누어 먹었어요.

100일이 되는 날 먹는 떡, 백설기

백설기는 깨끗함, 신성함을 뜻해요. 그래서 100일이 되는 날 백설기를 먹는데 100명의 사람이 먹어야 좋다고 해서 많은 사람들에게 나누어 주었어요. 백설기 이외에도 수수경단과 인절미, 송편을 먹기도 했어요. 수수경단은 붉은 팥고물이 나쁜 것을 막아준다고 생각했지요. 인절미는 단단하게 크라는 의미가 있고, 송편은 속이 꽉 차라는 뜻이 담겨 있어요.

돌상

돌잡이에서는 무엇을 잡아야 하나요?

돌잔치를 할 때 가장 중요한 것은 돌잡이예요. 아기가 돌상에 올린 물건 가운데 어느 것을 먼저 잡는가를 보고 아기의 미래를 예측해 보는 풍습이에요. 돌상에 올린 물건으로는 쌀, 국수, 실, 붓, 종이, 연필, 돈 등을 올려놓았는데, 요즘에는 청진기, 마이크, 골프공과 같이 부모가 바라는 아기의 직업과 관련된 물건들을 올려놓기도 한답니다. 어린이 여러분은 돌잡이할 때 무엇을 잡았나요?

태어난 지 일 년 되는 첫 번째 생일, 돌

아기가 세상에 태어난 지 일 년이 되는 날을 돌이라고 해요. 첫 번째 생일이지요. 아기가 태어나서 돌을 무사히 넘긴 것을 축하하는 날이에요. 돌이 되면 새옷을 입는데 그 옷을 돌빔이라고 해요. 보통 알록달록 여러 가지 색으로 만든 색동옷을 입었어요. 돌이 되는 날 아침에도 삼신상을 차려서 삼신할머니에게 아기의 건강과 복을 빌었어요.

일생의례 이야기 | 123

이야기 2. 남자와 여자가 하나 되는 의례, 혼례

남자와 여자가 만나서 부부가 되는 혼례

혼례는 남자와 여자가 만나서 부부가 되는 결혼 의례를 말해요. 조선 시대 때는 남자는 16살부터 여자는 14살부터 혼인을 할 수 있다고 했어요. 옛날에는 자유롭게 남녀가 연애를 할 수 없었기 때문에 중신아비, 중신어미 등 중매쟁이를 통해서 혼인을 했어요. 서로 의견이 맞아서 혼인하고 싶다고 신랑 집에서 신부 집에 혼인을 청하는 것을 납채라고 해요. 신랑의 생년월일시가 적힌 사주단자를 신부 집에 보내요. 그러면 신부 집에서는 혼인하기 좋은 날을 선택하여 신랑 집으로 연길단자를 보내요. 이렇게 해서 혼인이 이루어져요.

혼례는 해가 진 뒤에 했어요

혼(婚)의 한자를 보면 여(女)와 혼(昏)으로 나누어져요. 혼(昏)은 날이 저문다는 의미예요. 혼례(婚禮)는 여자가 날이 저물 때 올리는 예식이라는 의미를 지니고 있어요. 우리 조상들은 저녁 무렵이 음과 양이 만나는 시간이라고 생각을 해서 남자와 여자가 만나서 부부가 되는 의식이기 때문에 저녁 무렵에 혼례를 올렸어요.

생각 더하기

혼례식에서 기러기를 바치는 이유는?

혼례식에서는 신랑이 신부의 아버지에게 기러기를 바치는데 기러기는 새끼를 많이 낳고 자기 짝을 잃으면 혼자 살다가 죽기 때문이에요. 기러기처럼 의좋게 살며 백년해로를 하겠다는 다짐으로 기러기를 바친다고 해요.

함 사세요~ 함진아비 납시오

신랑 집에서는 혼인 전날 저녁, 신부 집에 혼인과 관련해서 함 속에 옷감과 예물을 담아서 보냈어요. 이 함을 지고 가는 사람을 함진아비라고 하는데 얼굴에는 숯으로 검게 칠해서 우습게 보이도록 해요. 좋은 일에 귀신이 방해를 하지 못하도록 하는 거래요. 함진아비는 "함 사세요."를 외치면서 신부 집으로 가지 않고 장난을 치면서 가는데 그때마다 맛있는 음식을 대접하여 신부 집으로 불러들인답니다.

첫날밤 신방 엿보기

혼례가 끝나면 신랑과 신부는 방에 들어가는데 혼례 첫날밤 문 밖에서는 신부 집 가족이나 동네 사람들이 밤늦도록 자리를 뜨지 않고 자리를 지킵니다. 이런 풍속을 신방 엿보기라고 하는데 신방 지키기라고도 해요. 혼례 첫날밤 혹시 일어날지 모르는 화재나 도둑 등 돌발적인 일들을 막아주기 위해서 신방을 지켜주었다고 해요.

생각 더하기

신방 엿보기 풍속의 유래

옛날에는 부모가 정해준 사람과 결혼을 했기 때문에 신랑과 신부가 첫날밤 서로의 얼굴을 처음 보는데 간혹 서로의 모습이 마음에 들지 않아 도망을 가는 경우가 있었어요. 또 너무 긴장해서 촛불을 떨어뜨리는 바람에 화재가 나기도 했어요. 가끔 나이어린 신랑은 첫날밤 엄마를 찾으며 울기도 해서 그런 일들을 밖에서 도와주기 위해 신방을 지키는 풍속이었다고 해요.

이야기 3 하늘로 돌아가는 의례, 장례

다시 하늘로 돌아가는 의식, 장례

장례는 사람이 죽은 뒤에 치러지는 모든 의식을 말해요. 상례라고도 하지요. 우리 조상들은 돌아가신 부모님의 장례를 잘 치러 주는 것을 매우 중요한 효라고 생각했어요. 죽고 난 다음에도 또다른 세계가 있다고 믿었기 때문에 더욱 중요하게 생각했어요. 주로 3일장 또는 5일장으로 지냈어요.

돌아가신 분께는 수의를 입히고 상주는 상복을 입어요

수의는 죽은 사람에게 입히는 옷이에요. 집안에 나이든 어른이 계시면 윤달이 든 해에 미리 준비를 해 두어요. 부모상을 당했을 경우에는 큰아들인 장자가 상주가 되어요. 장자가 없으면 장손이 되기도 하고 아내의 상에는 남편이, 아들의 상에는 아버지가 상주가 돼요. 나머지 가족들은 상제라고 불러요. 상주와 나머지 상제들은 장례 때에 상복을 입어요. 예전에는 삼베로 만든 상복을 입었지만 요즘은 검정색 한복이나 양복을 많이 입어요.

조문을 할 때도 검은색 옷을 입어요

요즘은 주변에서 상을 당해서 조문을 가야 할 경우에는 붉은색이나 노란색 등 밝은 색의 옷은 피하고 검은색 옷을 입고 가야 해요. 슬픈 일이기 때문에 밝은 색은 피하는 게 좋아요.

죽은 사람을 목욕시키는 일, 염습

장례의식에서 중요한 건 염과 습이에요. 습은 향나무를 삶은 물이나 쑥을 삶은 물로 시신을 씻기고 의복을 갈아입히는 것이에요. 염은 습을 한 시신을 단단히 묶고 관에 넣는 것을 말해요. 입관이라고 불러요. 입관이 끝나고 성복제를 올린 다음에야 상주는 비로소 상복을 입고 문상을 받게 되어요.

예전에는 3년이나 상을 치렀어요

옛날에는 부모가 돌아가시면 3년 동안 상복을 입고 상을 치렀어요. 부모의 묘 옆에 초막을 지어놓고 그 안에서 매일 아침저녁으로 음식을 올리고 3년 동안 부모를 돌아가시게 한 죄인이라는 의미에서 조심하면서 지냈어요. 부모상을 당한 지 만 2년이 되는 날 대상이라는 제사를 지내는데 그때야 비로소 상복을 벗고 상을 마쳤답니다.

즐겁고 재미있는 장례풍속, 진도 다시래기

지방마다 장례를 지내는 풍속이 달라요. 장례는 보통 엄숙하게 진행되는데 전라남도 진도 지방에서는 매우 독특한 장례 풍속이 전해지고 있어요. 상여가 나가기 전날 밤에 상여를 메는 상두꾼들과 마을 사람들이 모여 흥겹게 노는 다시래기 풍속이에요. 슬픔에 잠긴 상주와 가족들을 위로하기 위한 풍속으로 밤새도록 놀면서 상주들을 위로하지요. 충청남도의 호상놀이나 경상도의 빈상여놀이도 비슷한 풍속이에요. 진도 다시래기 풍속은 중요무형문화재 제81호로 지정되어 지금도 진도 지방에서 전해지고 있어요.

이야기 4 돌아가신 부모님에게 하는 효도, 제례

조상과 부모를 섬기는 제례

제례는 돌아가신 조상과 부모를 위해 지내는 제사의식을 말해요. 우리 조상들은 사람이 죽어도 다음 세계가 있다고 믿었어요. 제사를 잘 지내 줘야만 후손들에게 좋은 일들이 많이 생긴다고 생각했어요. 그래서 돌아가신 조상과 부모를 잘 모셨답니다. 제사는 여러 종류가 있는데 돌아가신 날에 지내는 기제사와 설이나 추석과 같은 명절에 지내는 차례가 있어요. 기제사는 조상의 기일에 지내는 제사로 돌아가신 날의 전날 밤 자정에 지내요. 차례는 명절 아침에 4대 조상에게 올리는 제사예요. 5대 이상의 조상은 따로 정해진 날에 시제를 지내는데 주로 음력 10월에 지내요.

제상을 차릴 때도 규칙이 있어요

제상을 차리는 것을 진설이라고 하는데 제상을 차릴 때에도 규칙이 있어요. 제사를 지내는 사람의 오른쪽을 동쪽, 왼쪽을 서쪽으로 여겼어요. 대표적인 진설법으로는 홍동백서, 어동육서, 좌포우혜, 조율이시가 있어요.

홍동백서(紅東白西) - 붉은색 과일은 동쪽, 흰색 과일은 서쪽

어동육서(魚東肉西) - 생선은 동쪽, 고기는 서쪽

좌포우혜(左脯右醯) - 왼쪽에 포, 오른쪽에 식혜

조율이시(棗栗梨柿) - 대추, 밤, 배, 감의 순서

제사는 한밤중에 지내요

본래 제사는 자시(子時)에 지냈어요. 전날 11시부터 새벽 1시까지가 자시에 해당하는데 제사를 돌아가신 전날에 지내는 것은 바로 이 때문이지요. 그 시간이 조상들의 혼령이 다니기에 깨끗한 시간이라고 생각했어요. 그런데 요즘은 바쁘다는 이유로 초저녁에 제사를 지내기도 하는데 본래 제사의 시간에서 벗어난 것이에요.

이야기 5: 마을의 공동 제사, 동제

마을 사람들이 공동으로 지내는 제사, 동제

지역마다 다르지만 대체로 정월 보름이 되면 마을에서는 농사의 풍년과 마을 사람들의 건강을 기원하면서 마을에서 공동으로 모시는 신에게 제사를 지내요. 장승제, 솟대제, 당산제, 성황제, 본향당굿 등 부르는 이름은 조금씩 달라도 마을을 위하는 간절한 마음은 똑같아요. 몸과 마음을 깨끗이 하고 바른 태도로 제사를 지냅니다. 마을에서 공동으로 지내는 제사이기 때문에 동제라고 불러요.

마을을 평안하게 지켜주는 산신제

유난히 산이 많은 우리나라에서는 산에 사는 산신령이 마을을 지킨다고 생각했어요. 보통 산신령은 하얀 수염을 길게 기른 할아버지이고 늘 옆에는 호랑이가 함께 하고 있어요. 마을에서 정해진 사람이 정성껏 산신에게 제사를 지내고, 나면 마을 사람들 개개인이 산신에게 기원을 합니다. 소원이 적힌 종이를 읽고 태워 산신께 바치는 소지 올리기를 합니다.

나라를 세운 시조들이 산신이 되기도 해요

나라를 세운 시조들이 산신이 되기도 해요. 국조신은 나라의 시조들이 죽어서 된 산신인데, 우리나라는 최초의 건국신화에 나타난 단군이 산신이 되었어요. 단군신화에 보면 환웅은 태백산 아래로 와서 고조선을 세웠고, 그의 아들 단군 왕검은 아사달로 가서 산신이 되었다고 해요. 조선 시대에 산신제를 금지하면서 산신은 주로 절에서 모시게 되었어요. 지금도 절에 가면 산신을 모신 산신각이 있습니다.

산신과 함께 있는 호랑이

절에 있는 산신각에 가면 산신도를 볼 수 있어요. 산신도는 산신인 수염을 길게 기른 할아버지가 그려져 있고, 그 옆에는 호랑이가 늘 산신과 함께 하고 있답니다. 예로부터 호랑이를 산주인, 산지킴이라고 생각하고 맹수 중 가장 무섭다고 생각을 했어요. 하지만 산신도를 잘 보면 호랑이의 모습이 맹수처럼 무섭지는 않아요. 오히려 웃음을 띠고 있어서 친근하게 느껴집니다.

어민들에게 만선의 기쁨을 주는 풍어제

농촌에서 풍년을 기원하듯이 어촌에서는 풍어를 기원하는 풍어제를 지내요. 물고기를 많이 잡게 해달라고 기원하는 것이에요. 풍어제는 바다의 용왕님께 드리는 제사인데 바다에서 안전하게 고기를 잡을 수 있기를 기원해요. 풍어제 때는 볏짚으로 띠배를 만들어서 바다에 띄우기도 합니다. 띠배가 멀리 가야 고기잡이가 잘된다고 생각했어요.

생각 더하기 - 액운을 멀리멀리, 위도 띠뱃놀이

전라북도 부안의 위도라는 섬에서는 정월이 되면 해마다 마을의 안녕과 풍어를 기원하며 띠배를 띄워 보내는 풍어제를 지내요. 띠배는 짚이나 띠로 만든 돛배인데 마을의 액운을 실어가고 고기를 잘 잡게 해달라는 의미에서 멀리 띄워 보냅니다. 띠배를 띄워 보낼 때는 농악에 맞춰 노래도 부르고 춤을 추며 신나게 굿판을 벌이면서 보내요.

특별한 풍어제, 별신굿

별신굿은 동해안과 부산, 경남 지방의 해안에서 지내온 풍어제예요. 별신굿은 풍어뿐만 아니라 마을을 지켜주기 위해 별도의 신들을 모시는 굿입니다. 경북 안동의 하회마을에서는 하회별신굿을 하는데 특히 하회별신굿탈놀이는 중요무형문화재 69호로 지정되었어요. 탈놀이에 사용되는 하회탈은 국보로 지정되어 있고 양반탈, 각시탈 등 많이 알려져 있어요.

백제 군사들을 위로하기 위한 은산 별신제

은산 별신제는 중요무형문화재 제 9호로 지정되어 있으며, 충청남도 부여군 은산면 은산리에서 전해 내려오는 마을 제사예요. 3년에 한 번씩 음력 정월이나 2월 중에 산제당에서 지내요. 마을에 전염병이 돌고 있던 은산에 살던 한 노인이 꿈을 꾸었는데 백제의 장군이 꿈에 나타나 백제 군사들의 영혼을 위로해 주면 전염병을 낫게 해주겠다고 했어요. 노인은 꿈을 꾸고 나서 제사를 지내 주었고, 그 후 전염병이 모두 사라졌다고 합니다. 그 때부터 마을 사람들은 마을제사를 지내게 되었다고 해요.

교과서에서 만나는 민속박물관 여행

국립민속박물관 제3전시관은 **한국인의 일생관**입니다. 한국인의 일생관에서는 한국 사람이 평생을 살아가면서 겪게 되는 여러 가지 일들에 대한 내용이 전시되어 있습니다. 오늘날 많은 변화를 겪기는 했지만 사람이 태어나고 자라서 혼례를 하고 죽음을 맞이하고 후손들이 조상을 위해 제사를 지내주는 이 모든 과정들을 일생의례 또는 통과의례라고 부릅니다. 국립민속박물관 한국인의 일생관에서는 사람들이 태어나서 하늘로 돌아가기까지 어떻게 살아가는지 알 수 있습니다.

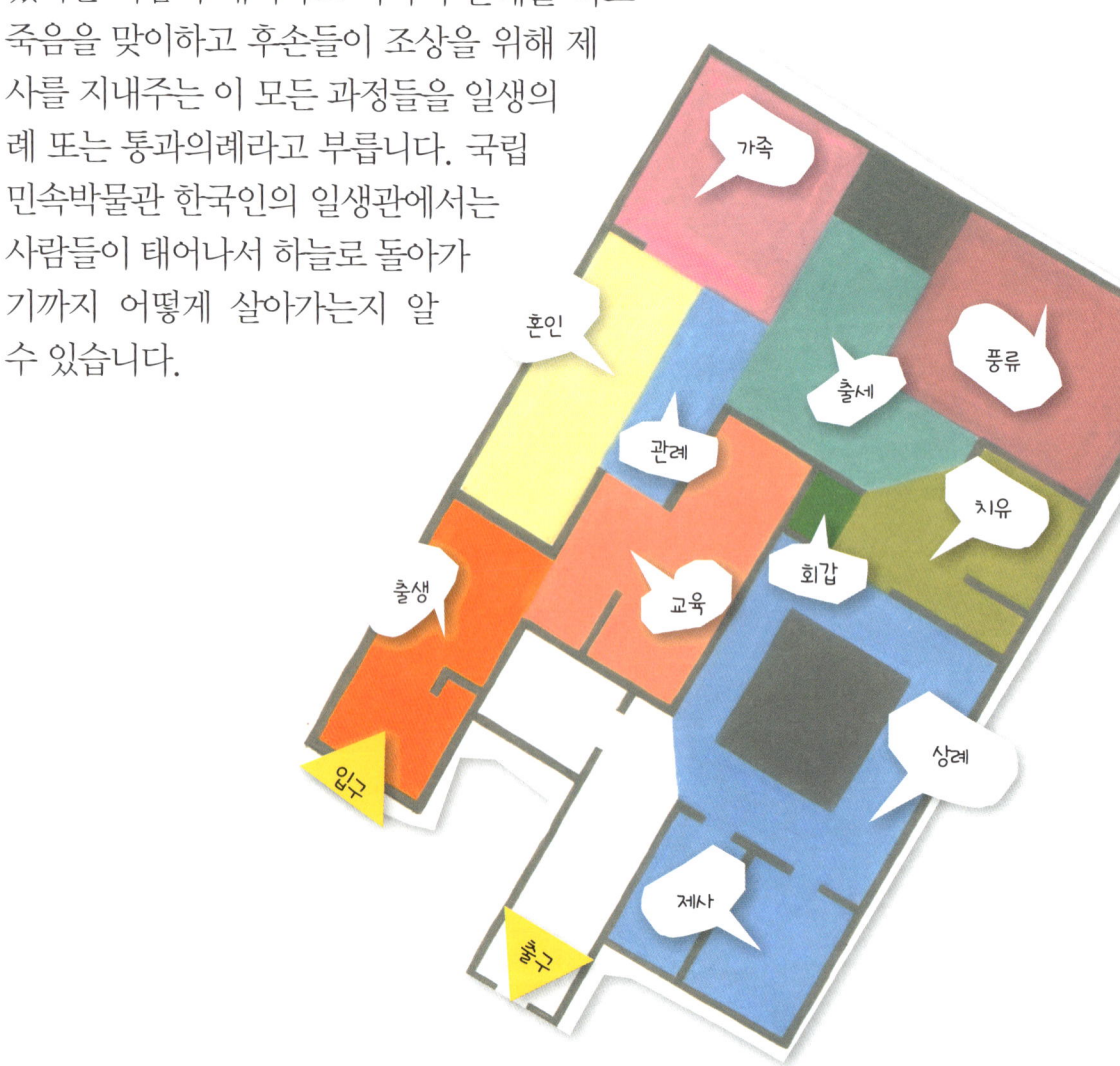

1. 율곡 이이의 부모님은 이율곡이 태어나기 전에 용꿈을 꾸었다고 합니다. 아이가 태어나기 전에 꾸는 꿈을 무엇이라고 하나요?

( )

2. 아기가 태어난 지 만 일 년이 되는 날, 즉 첫 번째 생일을 돌이라고 해요. 돌이 되면 일 년 동안 아기가 건강하게 자라준 것을 기념하는 돌잔치를 합니다. 돌잔치에 하는 것으로 돌상에 실, 연필, 돈 등을 올려놓고 아기가 어떤 것을 집느냐에 따라 아기의 장래를 예측해 보는 것을 무엇이라고 하나요?

( )

3. 남자와 여자가 만나 부부가 되기 위해서 혼례를 올립니다. 혼례식에서 신랑이 신부의 아버지에게 바치는 동물인데 암수가 매우 의좋게 살고 새끼를 많이 낳은 이것은 무엇일까요?

( )

4. 사람은 세상에 태어나서 살다가 세월이 흐르면 어쩔 수 없이 죽게 됩니다. 사람이 죽으면 타고 가는 것이에요. 종이로 만든 예쁜 꽃들을 붙이기도 하고 나무로 화려하게 장식을 해요. 무엇일까요?

( )

5 부모님이 돌아가신 후에는 제사를 지냅니다. 제상을 차리는 것을 진설이라고 하는데 제상을 차리는 규칙을 알아볼까요?

홍동백서(紅東白西) - _____

어동육서(魚東肉西) - _____

좌포우혜(左脯右醯) - _____

조율이시(棗栗梨柿) - _____

6 나는 태어났을 때 몸무게가 얼마였나요?

(   )

7 나의 돌상에는 어떤 물건들이 놓여 있었나요? 나는 어떤 물건을 집었나요?

(   )

8 옛날의 돌상과 오늘날의 돌상의 차이점은 무엇일까요?

(   )

9 돌상에 올라가는 음식들은 무엇일까요? 그림으로 그려보세요.
그리고 왜 그런 음식들을 올리는 걸까요?

---

10 할아버지나 할머니 그리고 주변의 어른들은 어떤 결혼식을 했는지 들어보고 오늘날의 결혼식과 비교해 봅시다.

( )

정답
1. 태몽
2. 금줄잇기
3. 기림기
4. 쌍어
5. 동뢰배(同牢杯) – 혼인식 때 신랑과 신부가 잔을 주고받는 사행
이웅소(寒婆小) – 산신당 앞, 오른편에 시부
화성우체(花席羽髱) – 신랑의 옷, 오른편에 시부
조용이사(禮嚴禮袋) – 대추, 밤, 배, 장인 손사

국립민속박물관
The National Folk Museum of Korea

국립민속박물관
체험 학습 보고서

박물관을 견학하고, 보고 느낀 점을 여러 가지 방법으로(그림, 만화, 보고서 등) 나타내 봅시다.

찾아간 곳: _____   날짜: 20___년 ___월 ___일

이용한 교통 수단: _____   같이 활동한 사람: _____

본 것

느낀 점

_____

_____

_____

_____

사진 1

사진 2

국립민속박물관
체험 학습 보고서

박물관을 견학하고, 보고 느낀 점을 여러 가지 방법으로(그림, 만화, 보고서 등) 나타내 봅시다.

찾아간 곳: _____ 날짜: 20   년   월   일

이용한 교통 수단: _____ 같이 활동한 사람: _____

본 것

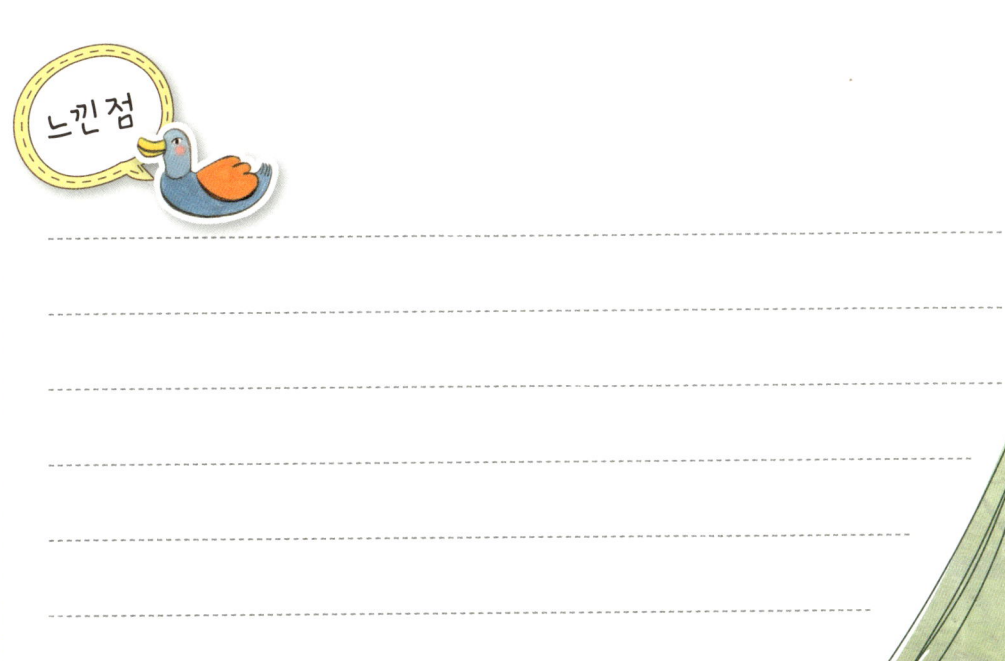
느낀 점

사진 1

사진 2